捨てる 残す 譲る

好きなものだけに囲まれて生きる

著 フランシーヌ・ジェイ
Francine Jay
訳 弓場 隆

Discover

はじめに

もし私が「モノを減らせば、幸せが増える」と言ったら、みなさんはどう感じるでしょうか？

きっと違和感を覚えることでしょう。なぜなら、私たち現代人は毎日いたるところで、それと正反対の主張を耳にしているからです。

たとえば、こんなメッセージがそうです。

「これを買えば、もっと幸せになります」
「これを使えば、ますます魅力的になります」
「これを所有すれば、成功者の証しです」

私たちはこういう宣伝文句を信じて、多種多様なモノを買ってきました。

では、モノを買ったおかげでうれしくて飛び跳ねたくなることはあったでしょうか？

ほとんどの人にとって、答えは「ノー」です。なぜなら、私たちが買ったモノの多くは期待外れで、思ったように幸せは増えず、財布のお金と生活の喜びが減るだけだからです。

家の中を見渡し、自分が買ったモノや誰かにもらったモノがいっぱいたまっている場所を調べてください。

うれしいどころか、うんざりして落ち込んでしまうのではないでしょうか？

カードの明細を見て、支払いをした商品を思い出せないことはありませんか？

いっそのこと、余分なモノが消えてなくなってくれたら家がスッキリするのに、とひそかに思っていませんか？

もしそうなら、ミニマリストのライフスタイルが救いの道を示してくれます。

「ミニマリズム」という言葉には、どこか風変わりな暮らしという響きがあります。

たとえば、無機質なコンクリートの床と光沢のある白い壁に囲まれた部屋に質素な家具が3つほどしかないイメージ。たいへん孤独で退屈な生活のような印象を受けますね。

おそらく多くの人は「私には子どもがいるし、ペットもいるし、趣味もたくさんあるのに、ミニマリズムが何の役に立つの？」と感じていることでしょう。

たしかにミニマリズムというと、ほとんどの人は「空虚な生活」を思い浮かべます。そして、それは「欠乏」や「困窮」といった陰うつな雰囲気を伴います。しかし、少し視点を変えると、「空虚」という言葉は「スペース」と解釈することもできます。

私たちにもっと必要なのは「スペース」なのです。

考え、遊び、創造し、家族と一緒に快適に過ごすためにはスペースが欠かせません。

こんなふうに考えてください。

入れ物は十分なスペースがあるとき最も役に立ちます。たとえば、カップの中に古いコーヒーがたくさん残っていると、新鮮な香り高いコーヒーを楽しむことはできませんし、花瓶の中がしおれた花でいっぱいになっていると、綺麗に咲いている花を飾ることはできません。

それと同様に、家の中が散らかっていると、私たちはたくさんのモノに押しつぶされそうな気分になり、新しい経験をするためのスペースを確保することができなくなります。そんな状況ではあまりにも窮屈なので、ゆったりとした生活を楽しむことはできません。

ミニマリズムを実践すると、所有物を上手に管理することができます。失われたスペースを取り戻し、家が持つ本来の機能を回復させ、快適な生活を送ることができます。そして、モノが散らかった部屋での息苦しい暮らしから解放されます。

どれも非常にすばらしいことです。

では、どうすればそれができるのでしょうか？

いったいどこから始めたらいいのでしょうか？

本書は巷でよく見かける収納術の本とどこが違うのでしょうか？

本書が提唱しているのは、おしゃれな収納用品や大きな収納庫にたくさんのモノを入れることではなく、ふだんの生活で扱うモノの量を減らすことです。

チャートに記入する必要はありません。あなたにはそんな悠長なことをしている余裕はないはずです。また、他人の片づけの体験談も書かれていません。本書の主役はあなた自身だからです。

本書は4つの章立てで構成されています。

第1章ではモノを減らすための基本的な心構えを学ぶことから始めましょう。といっても、けっして難しくありません。無駄をそぎ落としたシンプルな生き方がもたらす恩恵について考えることは、不用品を処分する動機づけになります。

身の回りのモノをじっくり検証し、それにしがみつこうとする気持ちを弱め、必要最小限のモノで生活する喜びを体験しましょう。モノを減らすことがどれほど豊かな暮らしを実現し、社会にどんな好ましい変化をもたらすかを考えてください。

とはいえ、いきなり家の中をスッキリさせようとするのは、無理なダイエットを敢行するようなものです。カロリー計算と同じ要領で所有物を大幅に減らし、手っ取り早く結果を出そうとしても、欠乏感に耐えられずにリバウンドして元に戻ってしまいます。

しかし、最初にモノを減らす心構えを学んで考え方と習慣を変えれば、すでに持っているモノとこれから手に入れるモノに関する決定をくだす方法を改善することができます。これは一時しのぎの対策ではなく、すばらしい新生活への長期的な指針です。

第2章では家をきれいに片づける効果的なテクニックを学びましょう。これはとても楽しい作業です。すべての引き出しやクローゼット、部屋をくまなく点検し、一つひとつのモノが役に立つ工夫をしてください。それぞれのモノの定位置を決め、上手に管理しましょう。家の中にあるモノの量を減らして、余計なモノがたまらないシステムをつくることが大切です。このテクニックを使えば、家の中が散らかっている状態と無縁になります。

家の中のどの場所も特有の問題を抱えていますから、第3章で部屋ごとに点検して具体的な対策を練りましょう。

家族が集まるリビングルームから取り組み、余暇を楽しく過ごすための柔軟で活動しやすいスペースを創造しましょう。家具を1点ずつ検証するだけでなく、本やDVD、ビデオゲームなどへの対策も講じてください。

寝室の状況を調べて余分なモノを一掃し、疲れた魂を癒してくれる安らぎの場所を確保しましょう。私たちの目標は、心を落ち着かせて元気を回復させてくれるスッキリしたスペースをつくることです。

衣類であふれ返っているクローゼットで悩んでいる人は大勢いますから、衣類の整理については一項を割いて考察します。そこでアドバイスしているとおり、すでに持っている衣類のほんの一部を残すだけで、おしゃれを存分に楽しむことができます。

キッチンにも目を向けてください。余分な鍋やフライパンの数を減らせば、調理台がスッキリしますから、料理の腕が格段に上がります。

浴室も点検してください。必要なモノだけを残せば、優雅な雰囲気を醸し出すことができます。鏡を見ながら身だしなみを整える手順をシンプルにし、洗練された自分を演出しましょう。

第4章では、よりよい地球市民になって未来の世代のために環境を保護するうえで、ミニマリストになることがどう役立つかを考察します。

自分の消費活動が環境にどんな影響を及ぼすかを見極め、身軽で優雅に生きることがもたらす多大な恩恵について学びましょう。**最もすばらしいのは、クローゼットをスッキリさせると地球を救うことにつながるという事実を発見することです。**

家をきれいに片づける心の準備ができましたか？

では、さっそくページをめくって第1章でモノを減らす心構えを学んでください。数分後にはスッキリした空間でシンプルな生活をするきっかけがつかめるでしょう。

フランシーヌ・ジェイ

捨てる 残す 譲る

目次

第1章 モノを減らす心構えを身につける

第2章

捨てる、残す、譲る。片づけ上手はこうしている！

第3章 部屋別・持たない暮らし実践編

第4章

ライフスタイルを変える

第1章

モノを減らす心構えを身につける

自分が大事な試合に
臨んでいる選手だと
想像してください。
最高のパフォーマンスを
発揮するためには、
心の準備をする必要があります。
ここではモノを減らす心構えを学んで
家をきれいに
片づけられるようになりましょう。

身の回りのモノに対処するためには、
モノと自分の関係性を
変えなければなりません。
身の回りのモノを見直し、
ふだんの生活にどんな影響を
及ぼしているかを検証しましょう。

モノを減らす心構えを
身につければ、
不用品を処分するだけでなく、
余計なモノが
家の中に入ってくるのを
防ぐのに役立ちます。
より重要なのは、
モノが私たちの生活の
負担になっている現状を改善し、
モノが暮らしに役立つために
存在しているという事実を
理解することです。

01

まずは、モノを「検証」することから

まずは自分の生活空間を見渡してみてください。
少なくとも20〜30個のモノがそばにあるはずです。

それは何ですか？
どうしてそこにたどり着いたのでしょうか？
それがそこにある目的は何ですか？

さあ、身の回りのモノが本当に必要なモノなのかを検証するときが来ました。それが何で、どんな役割を果たしているかを明確にしてください。

一般的に言うと、身の回りのモノは3つに分類することができます。すなわち、役に立つモノ、美しいモノ、思い入れのあるモノです。

このうち最も簡単なカテゴリーである「役に立つモノ」から説明しましょう。

このカテゴリーには、実用的かつ機能的で、日々の暮らしに不可欠なモノもあれば、生活を少し便利にしてくれるモノもあります。

そういうと、身の回りのすべてのモノが何らかの役に立つと思いがちですが、簡素な家屋、体温を保つための衣服、水、食料、いくつかの入れ物、調理器具など、生きていくために必要なモノはごくわずかしかないことは誰もが知っているはずです。

また、頻繁に使って生活を便利にしてくれるモノは、ミニマリストの家庭でも、大いに歓迎されます。たとえば、ベッド、シーツ、ノートパソコン、やかん、クシ、ペン、ホッチキス、本、お皿、フォーク、ソファー、延長コード、ほうき、などがそれに当たります。おおよそのイメージがつかめましたか？

しかし、これらを検証する上で、ひとつ注意しなくてはならないことがあります。それはモノが役に立つためには、それを使わなければならないということです。**部屋が片づかないのは、私たちが「役に立つ可能性のあるモノ」をたくさん所有しているだけで、実際には使っていないからです。**

たとえば、フードプロセッサーやフォンデュセット、加湿器のようなものは「準備するのが面倒だ」とか「後片づけがたいへんだ」といった事情でなかなか使われていないのではないでしょうか？

それ以外にも「万一のために保管しているモノ」や「いつか必要になるかもしれないモノ」もあるはずです。それらのモノは引き出しの中にしまい込まれてデビューの日を待っていますが、それを使う機会はたぶん永遠に訪れないでしょう。

「美しいモノ」は実用性がなくても見て楽しめるという機能を果たしています。

太古の昔から人々は住まいを美しく飾りたいと思ってきました。旧石器時代の洞窟に描かれた壁画から現代のリビングルームの壁に掛かっている絵画にいたるまで、これらはすべてそういう願望の産物です。

美を追求する気持ちは私たちのアイデンティティの一部ですから、否定されるべきではありません。花瓶のみごとな光沢やモダニズムの椅子のなだらかな流線型は、私たちに深い喜びを与えてくれます。

しかし、それらのモノは家の中の適切な場所を与えられて大切にされなければなりません。どんなに美しいベネチアングラスでも、棚の上でほこりをかぶり、もっとひどいことに収納庫にしまい込まれているなら、たんなるカラフルなガラクタにすぎません。

美しいモノだと思っても、芸術品らしきモノをすぐに家の中に持ち込むべきではありません。工芸品フェアで見て気に入ったからといって、リビングルームの棚の上にいつまでも置いておく価値があるとはかぎらないからです。ただし、**見ていると明るい気持ちになったり、眺めているだけで喜びを感じたりするなら、家の中に飾っておく価値があります。**

こんなふうに家の中のすべてのモノが役に立つか美しいなら、話は簡単です。しかし、そのどちらにも該当しない「思い入れのあるモノ」があなたの家の中にはいっぱいあるはずです。

それらはどこから来て、なぜそこにあるのでしょうか？

たいていの場合、それらのモノは何らかの思い出を表しています。たとえば、父親からもらった珍しいコイン、祖母から譲り受けた美しい陶器、ハネムーンで買ったエキゾチックな衣装、などなど。それらは重要な人や場所、出来事を思い起こさせます。ギフトや形見、土産物というかたちで私たちの家の中にやってきたからです。

繰り返しますが、喜びをもたらしてくれるなら、ぜひそれを展示して楽しんでください。しかし、義務感（「大切な人からもらったモノを処分すると申し訳ない」）や経験の証し（「どこかを訪れたことを証明したい」）のために保管しているなら、考え直す必要があります。

家の中を歩いて、一つひとつのモノに次の質問を投げかけてみてください。

＊　あなたは何で、家の中でどんな役割を担っているの？

* どうやって私の生活にかかわったの？
* あなたを買ったのか誰かにもらったのかどっちだったかしら？
* あなたをどれだけ頻繁に使っているかしら？
* もしあなたが壊れたら、やっかい払いできてホッとするかしら？
* そもそも私はあなたを本当に必要としているの？

モノの気持ちを傷つけることはありませんから、正直に答えてください。

質問を投げかけると、モノがさらにふたつのカテゴリーに分かれることがわかるでしょう。

ひとつは「付随的なモノ」です。つまり、何らかのモノを展示し、収納し、修理するためのモノです。このカテゴリーには、処分の対象になるモノがたくさん含まれています。ひとつのモノを処分すると、処分するモノが芋づる式に増えるからです。

もうひとつのカテゴリーは「他の人のモノ」で、これは少々やっかいです。幼い子どもはたぶん例外として、他の人のモノに対する私たちの権限はかなり限定されるからです。

とはいえ、弟が物置部屋にしまっておいてほしいと頼んだカヌーが10年くらい放置されているなら、あなたはそれを処分する権利があります（もちろん、早急に引き取るように電話で本人に連絡してからの話ですが）。

しかし、処分する権利があるからといって、もしそれが配偶者のホビー用品や中高生の子どもの古いビデオゲームなら、慎重に配慮する必要があります。

運がよければ、あなたの意気込みが周囲に良好な作用を及ぼし、家族も自分の所有物を片づけるきっかけとなるでしょう。

さあ、家の中を歩いてどんどん所有物を分類してください。

これは役に立つモノ、これは美しいモノ、これは思い入れのあるモノ、これは他人のモノ……といった具合です。簡単ですね。

ただし、まだ片づけを本格的に開始する必要はありません。

それについてはこれから説明します。もちろん、この時点で明らかに役に立たないモノ、美しくないモノ、思い入れのないモノ、誰のモノでもないモノを見かけたら、幸先のいいスタートを切るために心おきなく処分してください。

02
あなたはあなた、モノはモノ

企業のマーケティング戦略に惑わされないでください。あなたとモノは、もともとなんの関係もありません。

どこまで行っても、あなたはあなたです。

テレビの巧妙なＣＭや雑誌の派手な広告がどんなメッセージを発信しようと、あなたとモノの境界線が消えることは絶対にありません。

しかし、私たちは憧れをかき立てる宣伝文句に惑わされやすいのが実情です。

そこで、モノをさらに分類する新たなカテゴリーを設ける必要があります。すなわち、「憧れをかき立てるモノ」です。これは私たちが他人に見せつけたり幻想に浸ったりするために買うモノです。ここでいう「憧れ」とは、たとえば、10キロやせた自分、世界旅行を楽しんでいる自分、豪華パーティーに参加している自分、ロックバンドで演奏している自分などをさします。

認めたくないかもしれませんが、私たちは何らかのイメージを前面に押し出すために多くのモノを所有したがる傾向があります。

自家用車を例にとってみましょう。目的地に移動する必要性を満たすためには、ごく普通の車があれば十分です。では、なぜ私たちはその2倍、3倍もの大金を払って高級車を買いたがるのでしょうか？

それは自動車メーカーが広告代理店に莫大なお金を払い、「自家用車が所有者の地位や身分を反映している」と私たちに思わせるように仕組んでいるからです。

もちろん、それだけではありません。モノを通じて自己表現をしたいという欲求は、私たちの暮らしに深くかかわっています。家の選び方からその中にどんなモノを置くかということまでです。ほとんどの人が同意すると思いますが、簡素な家屋でも雨風を防ぐ必要性を十分に満たすことができます。

しかし、憧れをかき立てるマーケティングは、豪華なリビングルーム、一人ひとりの子どもの寝室、美しい浴室、高級なキッチンの必要性を呼びかけ、それがなければ成功したとは言えないかのように思わせます。当然、ステータスシンボルである豪邸をモノでいっぱいにするために、ソファーや椅子、テーブル、置物などがたくさん必要になります。

企業は広告を通じて、私たちが服——とりわけブランド物の服——によって自己主張をするように働きかけます。しかしブランド物の服を着たからといって、それだけ体が温まったり生活が華やいだりするわけではありません。

しかも、そのようなモノは購入してすぐに流行遅れになるので、クローゼットには再び流行する日が来るのを待ちわびている服がいっぱい眠っています。

実際、大多数の人にとって、有名人が持っているようなワードローブは必要ありません。私たちの服やアクセサリーが世間の注目を集めることはないからです。

にもかかわらず、企業のマーケティング戦略は、私たちが世間の注目を集めて暮らしていて、それにふさわしい服装をすべきだと思わせようとします。

マスメディアの影響下で生きている私たちにとって、ミニマリズムを実践することは容易ではありません。広告代理店が多くの企業の依頼を受けて「モノを買い集めることが成功の証しだ」というメッセージを絶えず世間に広めているからです。「地位を努力で手に入れるより、ステータスシンボルをお金で買うほうがはるかに簡単だ」という事実に注目し、そこにつけ込んでいるのです。

「多くのモノが豊かな暮らしを実現する」というメッセージを今まで何回くらい見聞きしたことでしょうか。これは「モノが増えれば、幸せが増える」という考え方を前提にしていますが、たいていの場合、モノが増えれば、悩みの種と借金の額が増えるだけです。こんなにたくさんのモノを買えば、たしかに誰かの役には立っているのでしょうが、私たちの役にはあまり立っていません。

買った商品が私たちを変えてくれることはありません。

たとえば、高級化粧品がスーパーモデルに変身させてくれたり、高性能カメラが一流の写真家にしてくれたりすることがあったでしょうか？

編み物用の毛糸、料理本、画材を集めただけで、編み物の達人、料理の達人、一流の画家になれるわけではありません。趣味や能力開発にはモノを所有することではなくスキルを磨くことが大切なのです。

改めて、よく考えてみてください。

それらのモノがまだ約束を果たしていないのなら、もうそろそろ見切りをつけてもいいのではないでしょうか。

いくらモノをため込んでも、すばらしい体験には及びません。

私たちに本当に必要なのは、家族と一緒に過ごす安らぎの時間です。

プレゼントをいっぱいもらったからといって、楽しい祝日になるわけではありません。愛する人たちが集まってこそ楽しい祝日になるのです。

また、私たちは過去の栄光を証明するために何らかのモノにしがみつきます。部活のユニホーム、スクールセーター、優勝トロフィー、古い大学ノートをまだ持っている人はけっこう多いのではないでしょうか。

私たちは功績を挙げた証しとしてそれらのモノを保管することを正当化します。しかし、たいてい箱の中にしまったままですから、何の証しにもならないのが実情です。もしそうなら、過去の遺物を処分するときかもしれません。

モノをつぶさに検証すると、いかにたくさんのモノが自分の過去を記念し、未来への希望を表現し、想像上の自分を美化しているかに気づくことでしょう。

しかし残念ながら、私たちは自分の空間・時間・労力のあまりにも多くをそれらのモノの保管にささげることによって、現在を存分に楽しむことができなくなっているのが実情です。

ときとして私たちは、あるモノを捨てることが自分の一部を捨てることにつながるのではないかと恐れます。たとえば、バイオリンなどめったに弾かないし、イブニングガウンなど着たこともないのに、いざ手放すとなると、自分が名演奏家や社交界のセレブになるチャンスを失うような気分になるのがそうです。

しかし、思い出や夢や野心はモノの中にあるのではなく、私たち自身の中にあるのだということを忘れないでください。

私たちとモノは別のものです。大切なのは自分が何をし、何を考え、誰を愛するかです。

好きではない娯楽、完成させていない試み、実現していない幻想の残りくずを処分すると、新しくて現実的な可能性を追求する余地ができます。憧れをかき立てるモノを処分して本当の自己実現をはかり、潜在能力を存分に発揮するための空間・時間・労力を確保しましょう。

03

モノを減らせば、ストレスも減る

ストレスのどれくらいがモノに起因しているかを検証してみましょう。

まず、私たちは特定のモノを持っていないことを悩んでストレスを感じます。

店頭や広告で何らかのモノを見て、それなしで生活してきたことを後悔したことはありませんか？

近所の人も持っていて、姉も友人にプレゼントしてもらい、なんと、同僚もすでに購入しています。それを持っていないのは自分だけのように感じ、「生活必需品」が身の回りにないことに不満を抱きます。

次に、私たちはどうやったらそれが手に入るかと悩んでストレスを感じます。

残念ながら、もしそれを譲ってくれる人が見つからなければ、自分で買わなければなりません。そこで値段を比較するために店から店へと車で移動（またはウェブサイトからウェブサイトへとネットサーフィン）して、安売りしてくれる店を探し求めます。

そして、現時点でそれを買う経済的余裕がなくても、今すぐにほしいと感じれば、現金をかき集めるか、職場で長時間労働をして残業代を稼ぐか、クレジットカードを利用して代金を返済する計画を立てます。

そうして、いよいよそれを買う日がやってきました。ようやくそれが自分のモノになります。太陽はさんさんと輝き、鳥はうれしそうにさえずっています。あなたはストレスから解放され、まるで天にも昇るような気持ちになります。

えっ、本当ですか？

大金を費やしたからには、それをしっかり管理しなければなりません。

つまり、新しい所有物を手に入れただけでなく、それを管理する責任を背負い込むことになったのです。

ここで、ひとつのモノを所有することに費やす労力についてじっくり考えてみましょう。それを購入する計画を立て、カスタマーレビューを調べ、最安値を探し出し、買うお金を稼ぎ（または借り）、小売店に行って買い、家に持ち帰り、設置する場所を見つけ、使い方を覚え、絶えずきれいにし、予備の部品を買い置きし、保険に入り、壊さないように気をつけ、壊れたら自分で修理するか修理に出し、場合によっては処分後もローンを払い続けます。この労力を家の中にある所有物の総数と掛け合わせてみましょう。なんだか気が遠くなりそうですね。

「モノを管理する」ということは、フルタイムの仕事のようなもので、それだけでストレスがたまります。

そこで、いろいろなモノのメンテナンスを手伝う産業が存在します。

多くの企業が衣服用の洗浄剤、銀食器用の光沢剤、家具用のワックス、革製品用のコンディショナー、電化製品用のスプレーを売って莫大な利益を得ています。

さらに保険会社は、自家用車や宝石、美術品の破損を補償すると約束して繁盛しています。

また、錠前や警報機、金庫を製造・販売する会社は所有物を盗難から守ると公言しています。修理会社は所有物が壊れたときに直す作業を、引っ越し会社は依頼主の所有物を集めて他の場所に移動する作業を請け負っています。

これだけの時間・費用・労力がかかる現状をつぶさに検証すると、所有物を管理するどころか所有物に翻弄されているような気分になります。

ほこりや汚れのために機能を損なわないように、定期的にメンテナンスをしなければばなりません。大事なモノは小さい子どもやペットに壊されない場所に保管しなければなりませんし、自分で使うときには壊さないように細心の注意を払わなければなりません。やれやれ、けっこうたいへんですね。

車のどこかに傷やへこみがあるのを発見して、がっかりしたことはありませんか？　おろしたての上等のブラウスにしみをつけてしまい、落ち込んだことはないでしょうか？

買ったモノはいずれ具合が悪くなりますが、そんなとき私たちはどうやって修理したらいいか悩みます。取扱説明書を読み、インターネットでアドバイスを探し求めます。修理する道具や取り換える部品を買いに出かけます。

それでもうまくいかなければ、修理屋まで持っていきます。あるいは、この問題をどう解決していいかわからない（または処理したくない）ので先延ばしにするかもしれません。その場合、それは部屋の片隅やクローゼットなどに置きっぱなしになり、いつまでも心に重くのしかかります。

あるいは、それが壊れたのではなく飽きただけかもしれません。いずれにしろ、それを買うのに多くの時間とお金をつぎ込んだので非常に残念に思います。しかしその後、別の広告を見て新しいモノに魅了されます。てっきり「これは以前のモノよりずっとすばらしいに違いない」と思い込み、また同じパターンを繰り返します。

いつもバタバタしていて、時間が足りないと感じるのは、もしかすると所有物が多すぎるからかもしれません。

ここで少し視点を変えて、自分が子どもの頃どんなに気ままで幸せだったかを振り返ってみましょう。

たぶん当時は人生でいちばんモノを持っていなかった時期です。あのころは今よりはるかにシンプルな生活をしていました。住宅ローンや自動車ローンに追われることもありません。モノを所有することより、新しいことを学び、仲間と遊び、自由に暮らすことのほうがずっと重要でした。なんでも意のままになり、好きなようにできることが、ミニマリストになって再現できる喜びです。

その喜びを取り戻すためには、モノに翻弄される生活と決別する必要があります。

だからといって、ワンルームマンションを借りたり中古のソファーを備えつけたりする必要はありません。

家の中の所有物が現在の半分しかないと想像しましょう。それだけでホッとするはずです。当然、掃除・維持・修理は半分で済みますし、クレジットカードの支払額も半分になります。こうして浮いた時間とお金は何にでも使えます。そう考えると、ミニマリストになることのすばらしさが見えてくるのではないでしょうか。

04

モノを減らせば、自由が増える

またとない大きなチャンスを与えられたとして、それを手に入れるために1週間で遠方に転居しなければならないとしたら、あなたはどうしますか？

ワクワクしながら引っ越しの計画を立てるでしょうか。それとも1週間ですべてのモノの荷造りができるかどうかを心配するでしょうか。もしかすると、たくさんのモノを運搬することを考えてうんざりするのではないでしょうか？

輸送の途中でトラブルが発生しかねないので現状のままでいいと思い、「面倒なことをするのはやめよう」という結論に行き着く可能性はどのくらいあるでしょうか？

もちろん、こんなシナリオは考えるだけでばかばかしいかもしれません。しかし、余分なモノはあなたの自由を制限し、その場に引き留める力を持っているとは思いませんか？

多くの人にとって、たぶんその答えは「イエス」です。

余分なモノは船のいかりのように私たちを束縛し、趣味を追求したり才能を開発したりするのを妨げる可能性があります。

また、人間関係や仕事の成功、家族の団らんを邪魔するおそれもあります。さらに、私たちのエネルギーを消耗させ、冒険心を奪いかねません。

家の中が散らかっていてみっともないという理由で、お客さんを招くのをあきらめたことはありませんか？

クレジットカードの支払いをするために残業代を稼がなければならず、子どものスポーツの試合を観戦できなかったことはありませんか？

家の見張りをする人がいないという理由で、エキゾチックな休暇の計画を取りやめたことはありませんか？


部屋の中にあるすべてのモノを見ながら、一つひとつのモノが自分の手足にくくりつけられて、それらのモノを引きずりながら動き回っているところを想像してみてください。けっこう疲れますね。行動範囲が制限されて遠くに行きにくいはずです。きっとその場でへたり込んでしまい、じっとしていたいと思うことでしょう。


それだけではなく、モノが身の回りに散乱していると精神的にも滅入ります。それが心の重荷となり、いつもうっとうしい気分になるでしょう。実際、散らかっている部屋にいると気分が萎えて、積極的に何かをしようという気になりません。モノが散らかっていないスッキリした部屋と比較してください。

そういう場所にいると、身も心も軽やかになります。心の重荷が取り払われるとエネルギーがわいてきて、なんでもできそうな気分になるはずです。

あなたはそれを知って応急処置をとりたくなるかもしれません。すぐに近所のホームセンターに行って収納ケースを買い、整然とした部屋をつくろうとすることでしょう。しかし残念ながら、すべてのモノを引き出しや箱、収納ケースの中に詰め込んでも抜本的な解決策にはなりません。

見えないようにクローゼットにモノを隠しても、それはあなたの心の中に存在し続けますから、本当の意味で自由になりたければ、それを処分するしかないのです。

考慮すべきことがもうひとつあります。

たくさんのモノをため込むと、家の中が物理的に混雑し、精神的に圧迫されているように感じるだけでなく、代金を支払わなければならないので経済的に追い詰められるはめになります。

借金の額が大きければ、不安で眠れない夜が増え、気ままな暮らしを楽しめなくなります。毎朝起きるのがつらくなり、もう使っていないモノの代金を返済するために嫌いな仕事をするのはけっして楽しいことではありません。

さらに、たくさんのお金をモノの購入に使うと、芸術などのセミナーの受講や新規事業への投資といった有意義な活動に使うお金がなくなってしまいます。

旅行はミニマリストの自由な生き方をたとえるのにぴったりです。

旅行中に重いスーツケースを引きずりながら歩き回ることがどんなに苦痛か考えてみましょう。

まず、ずっと夢見てきた旅行に出かけ、飛行機から降りて一刻も早く現地を観光したくても、その前にまず手荷物受取所で自分の荷物が出てくるのを待たなければなりません。次に、それを引きずって空港内を歩かなければなりません。

大きな荷物を持って地下鉄に乗るのはほぼ不可能なので、タクシー乗り場まで行くことになりますが、観光地に直行するのはあきらめてください。とりあえずホテルに行って、重たい荷物を部屋に置かなければならないからです。

しかし、ようやく部屋に着いたら、もうへとへとで観光地をめぐるどころではないかもしれません。

一方、ミニマリストは素早く行動することができます。

自分がバックパックを背負って颯爽と旅行している様子を想像してください。それはとても快適な経験です。

目的地に到着したら飛行機から降り、手荷物受取所でスーツケースを待っている大勢の人を横目に空港の外にいち早く出ることができます。

そして地下鉄やバスに乗るか、歩いて移動します。途中で異国の風景を見、音を聴き、香りをかぎます。そのための時間とエネルギーがたっぷりあるからです。

バックパックひとつで観光地に行き、必要があればそれをロッカーにしばらく保管します。先ほどのパターンとは対照的に、現地で重い荷物を引きずり回して疲労困憊することもなく、軽やかな足どりで動き回って観光を堪能し、活力がみなぎった状態でホテルに着きます。


モノにつながれていないなら、いろいろな人々と自由につながり、地域社会の活動に参加することができます。さまざまな経験に心を開き、機会を見つけて利用することもできます。

心身ともに引きずる荷物が少なければ少ないほど、快適な暮らしを楽しむことができるのです。

05
モノのしがらみを断ち切る

禅の教えでは、幸せを手に入れるためには世俗の執着を断ち切らなければならないと説いています。ちなみに、俳人の松尾芭蕉は「家が焼けて月がよく見えるようになった」と記しています。モノへの執着を断ち切った人ならではの悟りの境地です。

もちろん、私たちは幸せを手に入れるためにそこまで極端な経験をする必要はありませんが、**モノへの執着を断ち切るのはいいことです**。

そういう姿勢を貫くと、家をきれいに片づけるのがずっと簡単になります。火事や洪水、その他の災害によってモノを失ったときの心の痛みをやわらげるのが簡単になることは言うまでもありません。

そこで、この章ではモノにしがみつく気持ちを弱めるためのエクササイズを紹介します。ミニマリストになるという目標を達成するには、心の準備をする必要があるのです。

これからの数頁で、所有物に向き合うための精神的な強さとしなやかさを養ってください。

まず、ウォーミングアップとして簡単なエクササイズから始めましょう。

家の中にモノがほとんどない状態を想像してください。

これは簡単にできます。

身の回りに余分なモノがなかったころの暮らしを思い出せばいいだけだからです。

多くの人は青春時代を人生でいちばん楽しくて気ままだった時期として振り返ります。狭い部屋を借りて住んでいて（場合によっては2、3人と同居していて）、可処分所得が少なくても苦になりませんでしたし、ブランド物の服や高級腕時計、パソコンを買う経済的余裕がなくても平気でした。

所有物は数箱の段ボールに収まる程度で、マイカーの修理や自宅の管理を心配する必要がなく、服をドライクリーニングに出す必要すらありませんでした。当時はモノを所有するより日々の暮らしを楽しむほうが大切だったのです。

それはもう過去の話だと思うかもしれませんが、必ずしもそんなことはありません。多くの人は年に一度か二度、休暇に出かけるときに「モノのない暮らし」をする機会を得ます。実際、英語のvacationという単語は、「空っぽ」を意味するラテン語のvacareに由来します。なるほど、私たちがたまに休暇をとり、モノから解放された自由な暮らしを楽しみたくなるのも不思議ではありません。

キャンプに出かけたときのことを思い出してみましょう。

快適さと生き残りの両方のために必要なモノだけをバックパックの中に入れて持ち運びました。外見についてはほとんど気にせず、カジュアルな服装で間に合いました。野外で火を起こして簡易鍋で食事をつくり、それをお皿に載せてフォークで食べました。テントは最もシンプルな住居でしたが、雨風をしのいで暖かく過ごすことができました。こんなふうに必要最小限のモノで生活し、くつろぎながら自然とふれ合ったのです。

それなら、なぜ実生活に戻ったとたん、やたらとモノをほしがるのでしょうか？

楽しく生きていくうえで、そんなにたくさんのモノはいりません。

そして、これこそがこのエクササイズのポイントです。私たちはこのエクササイズを通じて、**身の回りのモノの大半が健康で幸せに生きていくためにほとんど必要ない**ことに気づきます。

では、ワンランクアップのためのエクササイズをしてみましょう。

海外に引っ越すことになりました。ただし、現地の貸し倉庫を利用してはいけません。これは永住ですから、いつか帰国するという前提でモノを期限付きで保管してもらうことはできません。

さらに、所有物を海外に輸送するのは煩雑でコストがかかりますから、持参するモノは生活必需品に限定しなければなりません。

そこで、自宅の中にある所有物を調べて持参すべきモノを決める必要があります。古いギターはその中に入れますか？　セラミックの動物のコレクションはどうしますか？　3年前のクリスマスにもらった不格好なセーター、サイズが合わなくて足が痛くなる靴、譲ってもらったのに好きになれない古い絵画のために貴重な貨物のスペースを割きますか？

もちろん、そんなことはしないでしょう。驚いたことに、その気になればすぐに不用品を処分できるのです。

では、もう少し難しいエクササイズに挑戦しましょう。

真夜中に火災報知機の警報で目を覚ましました。数秒以内に重要な所有物を持って家の外に避難しなければなりません。

さて、どうしますか？

当然、瞬間的な判断ですから、直感に頼ることになります。時間的な余裕があれば、重要なファイルや家族のアルバム、さらにノートパソコンを持ち出すでしょう。

しかし、家族とペットを安全な場所に連れ出すために全所有物を犠牲にしなければならない状況に追い込まれたら、それまで所有してきたモノをすべて手放す決意をするはずです。

さて、急上昇した心拍数を下げるために落ち着いて考えてみましょう。実際、人はみな心拍数を下げることになります。どんどん下げて最終的に停止します。

えっ、「なぜそんなことを考えなくてはならないのか」ですって？

このテーマについて話すのは気がひけますが、現実を直視しましょう。私たちがこの世に生きていられる時間はいつか終わりを迎えます。しかも残念なことに、予想しているより早くそういう事態を迎える可能性もあります。

そのあとで何が起こるでしょうか。周囲の人が私たちの遺品を整理することになります。しかし、安心してください。気恥ずかしく感じるかもしれませんが、もう死んでいますから顔を赤らめる必要はありません。

好むと好まざるとにかかわらず、私たちの遺品は精神的財産の一部です。誰も自分が死んだあとで、「ガラクタをこつこつ集めてため込んだ人」として後世の人々に語り継がれたいとは思わないでしょう。

あなたは「生活必需品と大切な少しのモノだけを所有して身軽で優雅に生きた人」として記憶されたいと思いませんか？

少し時間をとって自分の所有物を検証してください。

それらのモノはあなたについて何を物語っているでしょうか？

当然、遺族に「あの人は持ち帰りの容器を愛用していた」とか「古いカレンダーを集めていたなんて変な人だね」とは思われたくないはずです。

遺族の負担を軽減しましょう。家の中にため込んだ膨大な数の不要品を遺族に整理させるのは酷な話です。あるいは、見知らぬ人たちが巨大なガレージセールであなたの遺品を品定めしている様子を死後の世界から眺めることになるかもしれません。

陰気な話はこれくらいにしましょう。これは愉快な本です。要は、休暇であれ災難であれ、非日常的な出来事があると、所有物について考えるきっかけになるということです。

大局的な視野に立つと、自分の所有物の大半がそんなに重要ではないことに気づき、それをあっさり手放す心の準備が整うはずです。

06 自宅の守衛になる

「役に立つと思うモノと美しいと感じるモノ以外は家の中に持ち込んではいけない」

イギリスの作家でデザイナーのウィリアム・モリスは、冒頭の私の大好きな名言を残しています。
これはミニマリストの心得として非常に重要ですが、それを実行するにはどうすればいいのでしょうか？

役に立たないモノや美しくないモノをわざと家の中に持ち込むようなことは誰もしないでしょうが、そういう不要なモノはどういうわけか家の中に入ってきます。

では、究極の解決策を紹介しましょう。自宅の守衛になればいいのです。

このコンセプトは単純明快です。モノが家の中に入ってくるのは、私たちがそれを買うからか誰かにもらうからです。

どんなに想像力を働かせても、モノが私たちのすきをうかがって戸外から忍び込むことはありませんし、どこからともなくわいてきたり、いつの間にか自然に増殖したりすることもありません。その全責任は自分自身にあります。私たちが多種多様なモノを家の中に持ち込んでいるのです。

所有物の一つひとつがどのように自分の生活にかかわったかを検証してください。あなたはそれを意図的に探し求め、喜んで代金を払い、ワクワクしながら家に持ち返りましたか?

私たちの家は自分の城ですから、誰もがそれを守るために最善を尽くします。害虫を寄せつけないように家の外壁や玄関灯に殺虫剤を吹きかけたり、汚染物質を遮断するために空気清浄器を使ったり、不審者を遠ざけるためにセキュリティシステムを利用したりします。

しかし、**大事なことを見落としていないでしょうか。それは余分なモノを寄せつけないためのシステムを構築することです。とはいえ、そのようなシステムは市場で販売されていませんから、自分がその役割を果たさなければなりません。**

私たちは自分が何を買うかを完全にコントロールする力を持っています。モノをカートに入れたときに気をゆるめないでください。実際、どんな商品でも、それを買うべきかどうか熟考するまでレジカウンターに運んでこないように気をつけなければなりません。

モノを買うとき、次の質問を自分に投げかけてください。

* 我が家に持ち帰るだけの価値があるか？
* 我が家で重要な役割を担ってくれそうか？
* 生活を快適にしてくれそうか？

* あとで悩みの種になるのではないか？
* 置き場所はあるか？
* 似たようなモノをすでに持っていないか？
* ずっと手元に置いておきたいか？
* そうでないなら、処分するのに手間取るのではないか？

とくに最後の質問のおかげで、私は旅行先の土産物をいっぱい詰め込んだスーツケースを自宅まで引きずってこずに済みました。いったんモノに愛着が生じると、処分しづらくなるからです。

自分が何を買うかに注意を払うことは、そんなに難しくありません。買う前に少し立ち止まって「なぜそれを入手するのか？」と自問しさえすればいいのです。

では、望んでいないモノについてはどうでしょうか。たとえばギフトや景品がそうです。それを拒否するのは、ときには困難（または失礼）です。しかし、いったんそれを家の中に持ち込むと、処分するのはさらに困難になりかねません。

「攻撃は最大の防御なり」という格言があります。この場合、「攻撃」とは「撃退」のことで、景品についてとくにあてはまります。それを丁重に断るのは重要なテクニックであり、思っている以上に役立ちます。

社名入りのマグカップやペンなどは断ってください。ショッピングモール（ちょっと待ってください。あなたはそこで何をしているのですか？）での化粧品の無料サンプルやスーパーでの洗剤のお試し品は断りましょう。

また、景品ではありませんが、ホテルの洗面台にある小さなシャンプーとローションはどうか持ち帰らないでください。それを本気で使う意志がないかぎり、自宅の洗面所に置いたところで不用品になるだけです。

一方、ギフトには別の対策が必要です。何らかのモノを贈ってもらったとき、それを断ることは一般的な選択肢ではありませんから、私たちはそれを喜んで受け取ることが最善の策だと思っています。

ただし、あまり感謝の意を述べると、ますます受け取るはめになるので要注意です。したがって、ギフトのやり取りをやめると同時に、ギフトをもらわないように工夫する必要があります。

自宅の守衛になるためには、我が家を保管場所ではなく神聖な空間とみなす必要があります。出くわしたモノをすべて引き取る義務はありません。あなたにはモノが自宅に侵入するのを撃退する責任があります。

機能や美しさの点で生活を豊かにしてくれそうにないと判断したら、それを家の中に持ち込まないことが、大量の不用品を抱え込まずに済む効果的な方法です。

07

「スペース」を大切にする

あなたが名言好きであることを期待しています。

というのは、この項は私の好きな名言から始まるからです。

フランスの作曲家ドビュッシーは「音楽とは音符と音符のあいだのスペースである」と言っています。これを私なりに解釈すると、音楽が美しいものになるには一定の「スペース」が必要だということです。それがなければ、乱雑な騒音になってしまいます。

この考え方をミニマリズムに応用し、「暮らしとはモノとモノのあいだのスペースである」と定義しましょう。

家じゅうが散らかっていてスペースがないと創造性が抑圧され、暮らしに支障をきたしかねません。

逆に、スペースが多ければ多いほど、調和のとれた優雅な生活を送ることができます。

スペースは現代人の暮らしに最も足りないものです。

それが身の回りにまったくないと、非常に窮屈な思いをすることになります。実際、私たちはクローゼットやガレージの中にもっと多くのスペースを確保しようとやっきになっているのが現状です。

私たちはかつて多くのスペースがあったことを覚えていて、それがなくなったことに不安を感じています。周囲を見渡して「あのスペースはどこに行ったの？」と首をかしげているほどです。

私たちは初めて今の家に入ったときの様子をなつかしく思い出します。

たしかにそこには多くのスペースがありました。その後、それはどうなってしまったのでしょうか。家の中は以前のように快適ではありません。といっても、スペースがどこかに行ったのではなく、まだそこにあります。ただ、優先順位が変わっただけです。

私たちはモノに執着するあまり、スペースについてすっかり忘れています。新しいモノを家の中に持ち込むたびにスペースが少しずつ減っていくという事実を見失っているのです。問題は、私たちがスペースよりモノに大きな価値を見いだしていることなのです。

朗報を紹介しましょう。

スペースはすぐに失われてしまいますが、すぐに取り戻すことができます。

なぜならモノを処分するたびに、スペースを少しずつ取り戻せるからです。

その結果、小さなスペースが徐々に大きなスペースとなり、再び自由に動き回れるようになります。こうして取り戻したスペースを見ると、うれしくて小躍りしたくなることでしょう。

いつも覚えておく必要があるのは（しかし、すぐに忘れてしまうのですが）、所有できるモノの量は、それを保管するスペースによって限定されるということです。

モノをどんなに押し込もうと、その事実を変えることはできません。たとえどこかにしまい込んでも、それは家の中に存在し続けます。したがって、狭いマンションに住んでいたり小さなクローゼットしかなかったりすると、そんなにたくさんのモノを収納することはできません。

そもそも身の回りのスペースをモノで埋め尽くす必要はありません。スペースはモノと同等の、考えようによってはそれ以上の価値があります。

たとえ大豪邸に住んでいても、敷地全体を埋め尽くすほどたくさんのモノを手に入れる必要はありません。たとえ大きなクローゼットを持っていても、その中にモノをぎゅうぎゅうに押し込む必要はありません。それどころか、そうしないほうがずっと快適に暮らせます。

本書の冒頭で入れ物の価値について説明したのを覚えていますか。

入れ物は空っぽのときが最も価値があるという話でした。お茶を飲みたいなら空っぽのコップが必要です。料理をしたいなら空っぽの鍋が必要です。自由に踊りたいなら空っぽの部屋が必要です。

それと同様に、家は暮らしの入れ物です。

家族と一緒にくつろいだり創造性を高めたりしたいなら、そのためのスペースが必要になります。また、家を暮らしの舞台とみなすこともできます。そこで最高の演技をするためには、自由に動き回って表現しなければなりません。小道具につまずいているようでは楽しくありませんし、第一、かっこよくありませんね。

私たちは明晰に考えるためにスペースを必要としています。

散らかっている部屋は乱雑な精神状態につながりやすいと言えます。ソファーに座って本を読んだり音楽を聴いたりしていて、深遠な思考が浮かんできたとしましょう。人間の本質について洞察を深めたり人生の意味を解き明かしたりしつつあるのかもしれません。

そんなとき、ふとテーブルの上にある数冊の雑誌や部屋の片隅にある洗濯物がたまったかごが目に入ると、「早くなんとかしよう」と思ってしまいます。すると集中力がたちまち乱れて、すばらしい哲学が崩れ去ります。

日常のごくありふれた活動ですらスペースの恩恵を受けます。

たとえば、集中力を乱す装飾品がないほうが幼い子どもを監視するのはずっとたやすくなります。実際、これこそがスペースの最もすばらしいことです。自分にとって本当に大切な人とモノにスポットライトをあてることができるのですから。

美しい絵画を所有しているなら、装飾品を必要とせず、それだけを掛けておくはずです。そうすれば周囲に十分なスペースができて、それを目立たせることができます。綺麗な花瓶を所有しているなら、その中にガラクタを入れるようなことをせず、美しい花を飾るはずです。

私たちは自分にとって大切なモノにも同じように敬意を払う必要があります。それは大切ではない他のモノをすべて排除するということです。家の中に十分なスペースをつくることによって、私たちは所有物よりも活動に焦点を再びあてることができます。**モノに翻弄されるには人生はあまりにも短すぎます。**

08
所有せずに楽しむ

もし「モナ・リザの絵を差し上げます」と言われたらどうしますか？

ただし、「売却してはいけない」という条件付きです。

毎日いつでも好きなときに自宅で謎の微笑みを眺めて楽しめる一方で、美術史に残る傑作を保管する責任が重くのしかかってきます。この絵を盗難から守るためにいつも厳重に警備し、劣化しないように温度と湿度をつねに調整しなければなりません。さらに、ひっきりなしに訪れる美術愛好家にも対処する必要があります。

世界的な名画を所有する喜びは、それを維持する手間で帳消しになり、謎の微笑みはそんなに魅力的だとは思えなくなるかもしれません。きっと、モナ・リザの絵はルーブル美術館に保管してもらったほうがいいという気持ちになるでしょう。

現代社会に暮らす私たちは、数々の名画をいつでも手軽に鑑賞できる幸運に恵まれています。都会にはたいてい美術館がありますから、それを自宅で再現する必要はないのです。

数年前、私は大学院に在籍していたときにこの教訓を学びました。

当時、美術史を専攻していて、自由時間に現代アートの画廊でアルバイトをしていました。展覧会に足しげく通い、批評に目を通しているうちに、いっぱしの鑑定家になったような気分でした。名画の複製を入手する機会があると、すぐにお金を払って買い求めました。芸術をこよなく愛する美術品収集家になるのが夢だったのです。

しかし、自宅に持ち帰った絵に台紙を付け額縁に入れて保管する手間を強いられた時点で、それを入手したことの喜びは半減しました。

次に、それを飾る場所を決める必要がありました。そのころ住んでいた古いマンションに現代的な絵がマッチするかどうかを事前に考慮していませんでしたし、照明や光の反射も想定していなかったので、とりあえずそれを暖炉の上に置いて飾ることにしました。幾何学模様の壁とは少し不釣り合いでしたが、大枚をはたいて購入したので、その絵を部屋の中心にすえたかったのです。

以上の問題を解決してようやく落ち着いて名画を堪能できるようになりました。ところがある日、小さな黒い虫が名画の真ん中でうごめいていることに気づきました。そのときの驚きを想像してください。どうやって虫がガラスの中に入ったのかは不明でしたが、手の施しようがないので放置することにしました。

私はそれからもずっとその絵を部屋の中に誇らしげに飾り、引っ越しの際には念入りに包んで運搬しました。新しいマンションの契約では壁にモノを掛けることが禁止されていたので、仕方なく床の上に置くことにしました。

しかし、何度か配置転換しているうちに、いつまでもそれを所有して置き場所を探すことに嫌気がさしてきました。そこでその絵を額縁に入れたまま梱包してクローゼットにしまい込み、5年が経過した時点で売却しました。それ以来、美術品の扱いは美術館に任せ、好きなときにそこへ行って名画を鑑賞するようにしています。

所有せずに楽しむ方法を見つけることは、ミニマリストになる秘訣のひとつです。

たとえばその典型が、キッチンの戸棚でほこりをかぶっているカプチーノメーカーです。

一見したところ、泡立つコーヒーが自宅で手軽につくれることはとても便利に見えますが、この器具はきちんと準備して、使い終わったらきれいに掃除しなければならず、しかもそうやって淹れたコーヒーは必ずしもすばらしい風味とはかぎりません。いつでも淹れたてのコーヒーを飲めるというのは、期待していたほど画期的なことではないことがわかります。

そうして自宅で何度か使ってみると、近くのカフェに行ってコーヒーを飲みながら雰囲気を楽しんだほうがはるかにいいことに気づくはずです。

ミニマリストのライフスタイルを追求するとき、外の素敵な世界を自宅で再現したいという誘惑に抵抗しましょう。ホームシアターの装置やホームジムの器具を買ってメンテナンスをしなくても、映画館を利用し、戸外でジョギングし、近所の公園やプールに行けば、目的の活動を楽しむことができます。

かわいいモノを買いたいという誘惑にかられやすいなら、所有せずに楽しむことを信条にしてください。ガラス細工や金属細工の精緻さ、花瓶の色彩を店頭で見て楽しみ、それがショーケースに飾られたまま立ち去りましょう。

要は、博物館に行く感覚で芸術品を楽しめばいいのです。言い換えると、モノを買って持ち帰ろうとせず、その美しさとデザインをその場で楽しむということです。私はネットサーフィンをしながらそれと同じことをやっています。興味深いことに、美しい絵を画面上で見ても、それを所有するのと同じくらいの満足が得られます。

シンプルな暮らしを楽しむためには、家の中にある手間のかかるモノの量を減らす必要があります。幸い、楽しい活動の場を公共の施設に移し替えれば、モノを減らすことはいくらでもできますし、しかもすばらしい恩恵が得られます。

家に閉じこもって何らかの経験をするのではなく、公園や博物館、映画館、カフェに出かけると社会との接点が生まれるからです。

自分を取り囲むモノの壁を取り壊すことによって、より新鮮で直接的で充実感のある経験ができます。

---

09 足るを知る

古代中国の思想家、老子は「足るを知る者は富む」と主張しています。

つまり、十分に足りていることを自覚すると、豊かさを享受できるということです。

とはいえ、足りているというのは、たいへんあいまいなコンセプトです。

ある人にとっては足りていても、他の人にとっては少しも足りておらず、さらに別の人にとっては足りすぎているということがよくあります。

しかし、現代社会では食べ物と飲み水が足りていて、衣服も足りていて、住居も足りていますから、生きていくうえで基本的なニーズが満たされているという意見に大多数の人が同意するはずです。

実際、多くの人は身の回りのモノがすでに足りていると感じていることでしょう。

だとすれば、なぜもっとモノを買って所有したいと感じるのでしょうか？

「足りている」という言葉を辞書で調べてみると、「ニーズや欲求を満たすのに十分なこと」と定義されています。

なるほど、たとえニーズを満たしていても、欲求を満たせていないことがあるわけです。「足りている」という喜びを実感するためには、ここに焦点をあてる必要があります。


幸せとは自分が置かれている現状に満足することです。


すでに持っているモノで欲求が満たされているなら、もうこれ以上多くのモノを手に入れる必要はありません。

しかし、欲求というのは、じつにやっかいです。欲求をコントロールするには、その原動力を理解しなければなりません。

何もない場所に住んでいると想像しましょう。テレビや新聞、インターネットもない非常に質素な暮らしですが、すでに持っているモノで完全に満足し、雨風をしのぐ暖かい場所で食事をしています。簡単に言うと、すべてが足りているのです。

ところがある日、見ず知らずの家族が隣にやってきて、あなたの家より多くのモノがそろった屋敷を建てました。その後、多くの家族が自家用車で次々に引っ越してきて、いろいろな家を建てました。あなたは自分が持っていないモノがこんなにたくさんあることにそれまで気づかなかったのですが、テレビを見、新聞を読み、インターネットにアクセスして金持ちや有名人の贅沢な暮らしぶりを垣間見たとたん、少しも恵まれていないような気がしてきました。それまで自分の所有物に完全に満足していたにもかかわらず、です。

いったい何が起きたのでしょうか。「人並みの暮らしがしたい」というジレンマに陥ったのです。突然、「足りている」という概念を主体的に評価（「我が家は快適に暮らしていくのに十分か？」）しなくなり、相対的に評価（「我が家は隣の家と比べて立派で大きくて新しいか？」）するようになりました。

具合の悪いことに、指標が絶えず変動するために問題が複雑化します。いったん「人並みの暮らし」をするレベルに達すると、私たちはさらに上のレベルをめざします。

現実を直視しましょう。自分より多くのモノを持っている人はつねに存在します。したがって、自分こそが世界一の大富豪だと確信しないかぎり、いつまでたっても他人と比較する「豊かさ競争」に明け暮れることになります。

興味深いことに、億万長者でもこのジレンマに陥りやすいのが実情です。彼らの多くは豪華ヨットのスケールでライバルを出し抜こうといつもやっきになっています。

自分の所有物に満足することが大金持ちにとっても不可能だとすれば、私たち庶民がそんなことをめざして何になるのでしょうか？

いったん基本的なニーズを満たしたら、私たちの幸せは所有物の量とほとんど関係ありません。そのレベルを超えると、余分なモノを消費することで得られる満足は急速に薄れ、経済学で言う「飽和点」に達したとたんに不満に変わります。

そんなわけで、より多くのモノを求めるライフスタイルは私たちを必ずしも満足させず、場合によっては不幸にしてしまうことすらあるのです。

したがって、モノを買って他の人たちに差をつけようとしたところで何の役にも立ちません。唯一の勝者は、消費者にモノを売って儲けている企業です。

より多くのモノを追い求めるのをやめれば、私たちはより幸せで、より安心し、より満足することができます。

感謝の気持ちを持つことは、必要最小限のモノで暮らすライフスタイルを実践するうえで大いに役立ちます。

自分の生活の豊かさに気づき、すでに持っているモノに感謝すると、より多くのモノを追い求めなくなります。そのためには、持っていないモノではなく、持っているモノに意識を向ければいいのです。

どうしても比較したいなら、地球全体を見渡して自分より上だけでなく下も見なければなりません。**先進国の富裕層と比較すると足りていないと感じるかもしれませんが、世界中の多くの国々と比較すると、自分がまるで王侯貴族のように贅沢な暮らしをしていることに気づくはずです。**

かつて私は自宅のトイレが浴室と一緒になっていることに不満を感じていました。トイレに行きたいときに誰かがシャワーを浴びていると不便だったからです。お客さんを泊めなければならないときも困りました。

そんなある日、ピーター・メンツェルというジャーナリストが書いた『地球家族』（TOTO出版）という興味深い本を入手して読みました。世界中の平均的な家族を調査し、全所有物を集めて家の前で撮影した写真が満載された本です。

もし自分の所有物が少しでも足りていないと感じるなら、世界中の多くの人がほんの少ししかモノを所有していないことに驚かされるはずです。実際、一部の国では水道すらありません。私はふだん享受している豊かさに気づき、自宅にトイレと浴室があることがどんなに恵まれているかに気づきました。

世界レベルでの自分の位置づけ（有名人や近所の人たちとの比較だけでなく）を理解したところで、簡単なエクササイズでこの項を締めくくりましょう。紙と鉛筆を用意し、家の中を歩きながら家族の所有物をリストアップしてください。

ばかげた提案だと思っている人もいるでしょうが、私は冗談を言っているのではありません。すべての本、すべてのお皿、すべてのフォーク、すべてのシャツ、すべての靴、すべての紙、すべてのペン、すべての小物類。要するに、自分の家にあるすべてのモノです。

もしそれが難しいと感じるなら、たったひとつの部屋で試してください。

それでも難しいですか？

では、ひとつの引き出しならどうですか？

あなたはそれでもまだ自分の周囲にモノが足りていないと感じますか？

10
シンプルに生きる

「シンプルに生きよう。他の人たちが生きていけるように」

インドの聖者マハトマ・ガンジーはこのように呼びかけました。究極的に、これはミニマリストのライフスタイルを追求する最大の動機になるかもしれません。

前項で提案したとおり地球レベルで考えられるようになったら、今度はこんなふうに考えてみましょう。

私たちは70億を超える人々と一緒に地球上で暮らしています。

当然、資源にはかぎりがあります。全員に行き渡るだけの食糧、水、土地、エネルギーをどうやって確保すればいいのでしょうか。それには一人ひとりが必要以上に使わないようにするしかありません。なぜなら、私たちが余分な消費活動をするたびに、現在か未来の誰かがそれなしで生きていくことになるからです。

余分な消費活動は私たちの幸福に大きく寄与しないばかりか、他の人たちにとっては死活問題になるかもしれません。

私たちは真空状態の中で生きているわけではありませんから、自分がとった行動は世界中に波及効果を及ぼすことを理解する必要があります。

水不足のために発展途上国の人々の喉が渇いていても、歯磨きの最中に水道の水を出しっぱなしにしますか？

世界的な石油不足が貧困と混乱を招いていることを知っていても、大量のガソリンを消費する大型車を運転しますか？

森林伐採による被害を目の当たりにしても、生活のあらゆる側面で木材を消費し続けますか？

自分のライフスタイルが周囲に及ぼす影響を理解したら、もう少しシンプルに生きようとするはずです。

私たちの消費者としての選択は、環境に直接的な影響を及ぼします。食料品からテレビ、自動車にいたるまで、モノを買うたびに地球の資源の一部を使うからです。モノをつくるためにエネルギーと天然資源を使うだけでなく、それを処分するのも悩みの種になります。私たちは子孫に巨大なゴミ処理場で暮らしてほしいと思っているのでしょうか。

暮らしていくのに必要なモノが少なければ少ないほど、すべての人（と地球）は恩恵を受けます。したがって、消費をできるだけ控えて、微生物によって無害な物質に分解できるかリサイクルできる最小限の製品と包装を可能なかぎり選択するべきです。

私たちの消費活動は他の人たちの生活に影響を及ぼしますし、環境破壊にもつながります。

中古品を買うことは、地球の資源を減らさずに必要なモノを入手するのに役立ちま

す。**中古品で間に合うなら、新品を買って貴重な資源を浪費する必要があるでしょうか？**

ショッピングモールに行くかわりに、インターネットで検索して家具や家電、器具、衣服、本、おもちゃなどの中古品市場で買い物をしましょう。中古品を販売するウェブサイトを見れば、すばらしい中古品がいくらでもそろっています。

中古品を使うことに誇りを持ってください。それは経済的にお得ですし、あなたのニーズを満たす環境にやさしい方法です。

第2章

捨てる、残す、譲る。片づけ上手はこうしている！

第1章でモノを減らす心構えを学び、
それを実行に移す準備が
できました。
第2章では
家をきれいに片づけるための
具体的な方法を
大まかに説明しましょう。

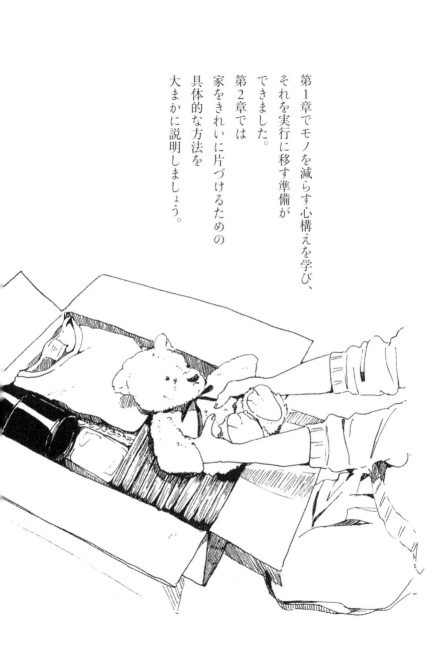

家をスッキリさせ、
その状態を維持するための
10の効果的なテクニックです。
喜んでください。
どれも覚えやすくて
使いやすいものばかりです。

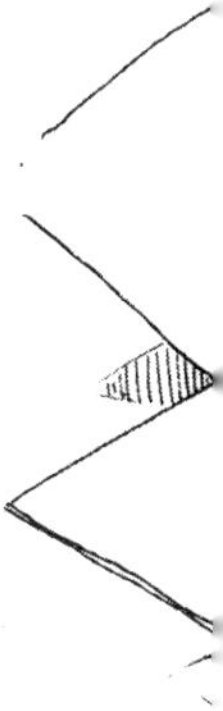

01

一からやり直す

どんな課題であれ、最も難しいのは、どこから取りかかるかを見極めることです。

自宅の中を見渡すと、あらゆる場所にモノがいっぱいあるのが見えるはずです。たとえば、部屋の片隅、クローゼット、引き出し、食器棚、化粧台、洗面所などなど。さらに物置部屋やガレージ、収納庫にもたくさんのモノをしまい込んでいます。たとえそれらのモノを目にしなくても、心の中ではいつも気になっているはずです。

そんな状況に精神的負担を感じるかもしれませんが、がっかりしないでください。それはあなただけではありません。

残念ながら、家の中をスッキリさせることはすぐにできるわけではありません。これは努力して着実に取り組む作業です。朗報を紹介しましょう。

いったんコツがつかめれば、片づけはどんどん上達します。信じられないかもしれませんが、これはとても楽しい作業です。

実際、私は初めて片づけをしたときの高揚感に驚きました。退屈で煩雑な作業だと思っていたことが、いざやってみると自分を元気にしてくれることに気づいたのです。私はすぐにその魅力にとりつかれ、毎日、片づけに熱中しました。夢の中でも部屋を片づけたほどです（これは本当です！）。

片づけていないときは、次はどこを片づけようかと計画を立てていました。心の重荷がなくなったような気分でした。家がきれいに片づいたあと、満面の笑みを浮かべながら部屋の中で小躍りしたものです。

片づけを開始する前に、現在の一戸建てかマンションに引っ越してきた最初の日を思い出してください。何もない部屋に足を踏み入れ、これからどんな暮らしが始まるかと期待に胸をふくらませたはずです。荷物を開ける前のスペースを楽しむのは、なんと心地よかったことでしょう。それは美しい空白のキャンバスで、どの部屋もスッキリしていて可能性にあふれていました。幸先のいいスタートを切るうえで、なんとすばらしい機会だったでしょうか。

あなたは荷物をゆっくり開け、すべてのモノの定位置を決め、不用品を処分すると誓い、必要なモノを完璧に配置するのを楽しみにしていました。ところが、日常の用事が立ちはだかりました。

新しい仕事に取りかかり、子どもを学校に送り出す準備をし、来客をもてなし、新居祝いのパーティーのために部屋に飾りつけをしなければならなかったからです。モノを手っ取り早くしまい込み、生活に支障をきたさないようにするため、それぞれのモノの価値を見極める時間的余裕がありませんでした。そこで、物置部屋かガレージにモノをさっさと放り込みました。

しかし、今こそ一からやり直すチャンスです。と言っても、いきなり家じゅうのモノを庭に放り出して部屋の中を空っぽにするわけではありません。引っ越しのときの作業をやり直すだけです。

ただし、今度は時間をとって課題を細分化してください。家の中の各部屋のために新しいスタートを切りましょう。一回にひとつの場所——部屋のように広い場所や引き出しのように狭い場所——を選んで、まるで引っ越した初日のように一からやり直すのです。

一からやり直す秘訣は、その場所にあるすべてのモノを取り出すことです。

それが引き出しなら、ひっくり返して中身をすべて放り出しましょう。クローゼットなら、中身をすべて外に出しましょう。趣味の道具を入れた箱なら、中身をすべて取り出しましょう。

ただし、一度に部屋全体に取りかかるのは、もう少し複雑な作業になります。検証するモノをすべて置く場所がしばらく必要になるからです。その場合、すぐそばの部屋なら移動の手間が省けて便利です。

それができなければ、一時的な保管場所としてガレージか玄関先を利用するといいでしょう。あとは、がんばって必要なモノを元の部屋に戻すだけです。

対象となる場所を完全に空っぽにすることの大切さは、いくら強調してもしすぎることはありません。私たちは特定のモノが特定の場所にあるのを見慣れているため、それらがそこにある権利を持っていると考えがちです。「今までずっとそこにあったのだから、ずっとそこに置いておけばいい。どうせ元の場所に戻すのだから、わざわざ取り出しても意味がない」と思い込んでいるのでしょう。

しかし、ひとつ残らずすべてのモノを取り出してください。モノをいつもの場所から取り出して眺めるだけで、それがなくなるとその場所がスッキリすることに気づき、それに対する見方が完全に変わる可能性があります。

リビングルームの片隅にずっと放置されている壊れた椅子は、その場所に存在する権利を持っているように見えます。それはまるで家族の一員のようですから、移動させるのは申し訳なく（神聖さを汚しているようにさえ）感じられます。

しかし、いったんそれをガレージに移動して白日のもとにさらすと、たんなる壊れた椅子にすぎないことが明らかになります。いったい誰がそんなモノを家の中に迎え入れたいと思うでしょうか。それがあった部屋の片隅が急にスッキリするのですからなおさらです。

家をきれいに片づける作業は、何を捨てるかよりも何を残すかを決める行為としてとらえると簡単になります。だからこそ、一からやり直すこと（すべてのモノを定位置から取り出して、ひとつずつ元に戻す作業）が効果的なのです。

捨てるモノを選別するより、自分が本当に好きで大切に保管したいモノを選別するほうが、片づけはずっと楽しくできます。

美術館の館長は空っぽのギャラリーから始めて、その空間を美しく彩るオブジェをひとつずつ決定します。それと同様に、**私たちも自宅の「館長」として一からやり直し、どのオブジェが暮らしを便利で豊かにしてくれるかを決定し、それだけを元に戻す必要があります。**

身の回りのモノは、私たちのライフスタイルを映し出します。それなら、機能や美しさで選んだ大切なモノに囲まれて身軽で優雅に暮らすというライフスタイルを選びましょう。

02

捨てる、残す、譲る

いったんモノを定位置から取り出したら、分類して対処の仕方を決める必要があります。

全所有物を「捨てる」「残す」「譲る」の3つのカテゴリーに分類しましょう。

「捨てる」ことについては、大きなゴミ袋（引き出しにあるモノなら小さなゴミ袋で間に合います）をひとつ用意すれば十分です。

あとの「残す」「譲る」については、段ボール箱かシートなどの適当なものを用意してください。

箱をさらにもうひとつ用意しましょう。

その目的は、一時的に保留するモノを入れることです。モノを分類するとき、保管したいと思わなくても、すぐに手放す気になれないモノに出くわすでしょう。考える時間が少し必要かもしれません。

しかし、判断がつきにくいモノのために調子を乱して勢いを失いたくありませんから、すぐに決められなければ、この箱にしばらく入れておき、あとで一つひとつ検証しながら決めてください。

とはいえ、どんなに熟考しても、一時的に保留するモノで箱の中がいっぱいになるかもしれません。その場合、箱を閉じて日付を記入し、物置部屋やガレージなどにしばらく収納しておくといいでしょう。**もし半年（か1年）のあいだ、一回も箱を開けていないなら、中身を慈善団体に寄付してください。**

ただし、この箱は最終手段としてのみ使うべきで、困難な決定を避ける口実として使ってはいけません。この作業の目的は、それらのモノを保管することではなく、必要かどうかわからないモノをどけて家の中のスペースを確保することだからです。

「捨てる」のは簡単にできる作業です。

しみがこびりついたり穴が開いたりした衣服、消費期限切れの化粧品や医薬品、腐った食品、包装紙、インクが切れたペン、古いカレンダー、古新聞、古雑誌、古い郵便物、古いちらし、古いパンフレット、再利用できないビンや容器、修理できないか修理しても仕方ない故障品。もし慈善団体に寄付する価値がないと思うなら、廃棄するのが適切ですからゴミ袋に入れてください。

お察しのとおり、私が主張している「捨てる」というのは、「できればリサイクルする」という意味です。

不用品をゴミ袋に入れるのは簡単ですが、私たちは環境に配慮しなければなりません。ゴミ処理場で焼却されて環境を汚染するおそれのあるモノを捨てることに対して道義的責任を感じない人はたぶんいないでしょうから、できればリサイクルするようにしてください。家庭で不要になった古紙やガラス、金属、プラスチックの回収がほとんどの地域で実施されています。

もちろん、何らかのモノを廃棄する前に、それを使う人が周囲にいないかどうか調べることが重要です。もしそういう人がいるなら、それを「譲る」箱に入れてください。面倒かもしれませんが、不用品はゴミ処理場やリサイクル工場に送るより、それを必要としている人に譲ったほうがいいのです。私たちは自分が買ったモノについて、その処分を含めて最後まで責任を持たなければなりません。これは衝動買いを抑える非常に効果的な方法です。

「残す」箱には大切に使うモノを入れましょう。

機能や美しさの点で役に立っているモノです。しかし、1年以上使っていないなら、たぶんそれはこのカテゴリーには該当しません。使いたい人に譲るか、どうしても手放したくないなら「一時的に保留」の箱に入れてください。

せっかくの貴重なスペースを価値のないモノのために割くべきではありません。価値のあるモノのためだけに家の中の貴重なスペースを割きましょう。

小物類、収集品、装飾品についても同様です。目立つ場所に誇らしげに飾ろうとせず、その存在に喜びを感じないなら、それを大切にしてくれる人の元に送ったほうがいいでしょう。

「譲る」箱には、まだ十分に使えるけれど、もうあなたの役に立たなくなったモノを入れてください。

それを手放すことに後ろめたさを感じる必要はありません。あっさり手放して他の人の役に立つように手配してください。

とくに「いつか必要になるかもしれない」という理由でしがみつきたくなる衝動を抑えましょう。**ずっと必要としていなかったモノは、たぶんこれからも必要になることはありません**。

万が一、必要になったら、それを見つけることができるでしょうか。そのときそれは使える状態で保管されているでしょうか。もしそれが簡単に入手できたり取り換えたりできるのなら、永遠に来ないかもしれない日のために保管しておくより、早く誰かに使ってもらったほうが得策です。

さらに、「譲る」箱の中身を「寄贈するモノ」と「売却するモノ」に分けましょう。

たとえ一度も使われず、大切にされずに家の中にずっと放置されているモノでも、誰かに喜びをもたらす可能性がありますから、思い切って他の人に寄贈しましょう。自分の行為が誰かの役に立つことを確信すれば、不用品を手放すことはずっとたやすくなります。

特定の人が思い浮かばないなら、インターネットの不用品寄贈サイトに登録するといいでしょう。寄贈したいモノを提示すれば、興味のある人がそれを引き取るために連絡する仕組みです。あるいは、めったに使わないモノがあれば、それをよく使う知人に寄贈してください。

たとえば、電動のこぎりを近所の木工職人に、ミシンを裁縫好きの人に寄贈するということです。その際、もし必要になったときは、それを貸してもらうという了解を得ておくと便利です。

不用品を寄贈するために何週間もかける必要はありません。特定の相手を見つける時間がなく、そういう作業が苦手なら、慈善団体に寄贈すれば、それを必要としている人の手元に送り届けてもらえます。そうすれば、自分が不用品とみなしているモノでも他の人の暮らしに役立てることができます。

さらに、中古本を地元の図書館に、文房具を学校に、ペット用品を動物保護施設に寄贈することを検討してください。

不用品を売却して現金に換えるという方法も、それを手放す不安をやわらげることができます。購入時に支払ったお金の一部（か全額）を得ることができるなら、そのほうがずっといいはずです。実際、不用品を保管するより現金に換えるほうが大きな喜びをもたらすかもしれません。

工芸品からハイテク家電まで不用品を売却する方法はいくつもあります。不用品の量が多く、しかも価値が低いなら、ガレージセールをするか委託販売の店に持ち込むといいでしょう。しかし、希少価値や収集価値があるモノや高価なモノなら、ネットオークションをおすすめします。また、中古の本やCD、DVD、ビデオゲームなどをインターネットで売却することもできます。

分類のシステムを構築し、何をどうすべきかが理解できたら、これから不用品を手放す作業に取りかかりましょう。一からやり直すことを選んだ引き出しやクローゼット、部屋を片づける作業を楽しんでください。

陽気な音楽を流しながら、不用品に別れのキスをしましょう。

いったん全所有物を分類したら、「捨てる」の箱と「譲る」の箱の中身を手放してください。そうすれば、大切なモノだけに囲まれた暮らしに大きく近づきます。

捨てる
残す
譲る
保留

03

モノの存在理由を明確にする

前項で「残す」カテゴリーに分類した一つひとつのモノについて、これからその存在理由を見極めましょう。

理由もなくモノを保管しないでください。あなたには自宅の守衛として家の中にある一つひとつのモノと対話する責任があります。次の質問を自分に投げかけて、全所有物が家の中に存在する十分な理由があるかどうか確認しましょう。

* 頻繁に使っているか？
* 生活を便利にしてくれているか？

＊見た目が美しいか？
＊かわりのモノを見つけるのが難しいか？
＊さまざまな機能を持っているか？
＊時間を節約してくれているか？
＊自分や家族の大切な思い出品か？

どんなモノであれ、それが家の中にある以上、暮らしに役立たなければなりません。

家の中に存在する十分な理由があるモノもありますが、あまり必要がないモノもあります。そんなモノがどうやって家の中に入ってきたのでしょうか。

あるモノは誰かにもらったプレゼントだったかもしれません。しかし、他のモノは別のモノのかわりだった可能性があります。つまり、新しいモノを買ったのに、古いモノを捨てずに持っていたということです。

たとえば、新しいテレビを買ってリビングルームに置き、古いテレビを寝室に移し替えるとか、新しいテーブルを買ってリビングルームに置き、古いテーブルを他の部屋に移し替えるといったことです。新しい靴を買って古くて汚れた靴を保管しておくこともあるでしょう。

しかし、**家をきれいに片づけたいなら、いいモノだけを残して、それ以外のモノは処分するのが最善の策です。**

多くの日用品はかなりの数量で販売されています。たとえば、クリップや安全ピン、輪ゴム、ヘアピンがすぐに思い浮かびます。さらに、ペンやボタンもたくさんあるはずです。

こういうモノはいつまでも引き出しの中にしまってあり、私たちはその必要性を疑問に思いませんが、思い切って整理しましょう。もし自分がそんなに多くのクリップや安全ピンを使っている姿を想像できないなら、適正な数量だけ残してください。本当に必要なのが数個だけなら、数十個も数百個も保管しておく必要はありません。

いったん日用品の処理が済んだら、それ以外の所有物を検証しましょう。

一つひとつ確認しながら、次の質問に答えてください。

* 使用目的は何で、使用頻度はどのくらいか？
* この1年でそれを使ったか？
* 近い将来、それを使う予定があるか？
* それはあなたの暮らしをより快適にしてくれるか？
* それのメンテナンスは面倒か？
* もしそうなら、わざわざ残す価値があるか？
* それはかけがえのないモノか？
* もし引っ越しをするなら、それを一緒に持っていくか？
* もしそれがなければ、不便に感じるか？
* それは家の中の貴重なスペースを占有するだけの価値があるか？

以上の質問に答えるのが難しいなら、客観的な意見を言ってくれる友人に頼んでください。なぜ自分が何らかのモノを保管しているのかを他人に説明するのは難しいでしょうが、あえてそうすることで問題解決のヒントが得られます。

とはいえ、ちょっと恥ずかしいかもしれません。しかし、自分としては正当性があるように思えても、他人に言うとばかげているように感じられて、つまらないモノを保管しておきたいという気持ちが薄れることでしょう。

ここで注意してほしいのが、ガラクタをこつこつため込む人や不用品を処分するのがもったいないと考える人にアドバイスを求めても仕方がないということです。

いったん「残す」の箱に入れるモノを決めたら、「80対20の法則」を応用しましょう。この法則はイタリアの社会学者パレートが提唱したものです。

この場合、私たちは生活の80%を所有物の20%で満たしているということになります。これは大切なので繰り返します。

私たちは生活の80%を所有物の20%で満たしています。つまり、現在の所有物のわずか5分の1で生活できますから、所有物の5分の4がなくなってもほとんど支障がないのです。

所有物の大半をめったに使っていないなら、生活必需品だけを残してそれ以外を処分することは難しくありません。**私たちがしなければならないのは、生活を満たすために必要な20%を見極めることです。**そうすれば、家をきれいに片づけることができます。

04 モノの定位置を決める

「すべてのモノの定位置を決め、すべてのモノを定位置に戻す」というスローガンを暗記し、何度も声に出して唱えましょう。

これはミニマリストの最も重要な原則のひとつです。**すべてのモノの定位置を決めれば**（**引き出し、食器棚、収納ケースのように**）、**迷子になったモノが家の中をさまよって散らかすことはなくなります。**

この原則に従えば、不用品をすぐに見つけて家の外に出すことができます。

すべてのモノの定位置を決めたら、一つひとつのモノをどこで、どのくらい使うかを考えてみましょう。

ざっくり言うと、あなたの自宅はいくつかの部屋に分けられ、さらに各部屋はいくつかの小さなエリアから成り立っています。たとえば、ダイニングキッチンの中の炊事のエリアと食事のエリア、リビングルームの中のテレビを見るエリア、趣味を楽しむエリア、パソコンで作業するエリアといった具合です。**モノの理想的な定位置は、それを使う場所とその便利さによって決まります**。

その使用頻度は1日に数回、1週間に数回、1か月に数回、1年に数回のどれでしょうか？

その答えによって「よく使うモノ」「ときおり使うモノ」「ストックしておくモノ」のどれに該当するかが決まります。

「よく使うモノ」には歯ブラシや家庭用品、下着類、ノートパソコンなどが含まれます。それらのモノは、かがんだり背伸びをしたり他のモノをどけたりしなくてもすぐ手の届く場所に置いておく必要があります。そのほうが見つけやすいだけでなく、片づけやすいからです。「80対20の法則」を思い出してください。「よく使うモノ」は80％の時間に使う20％のモノで構成されています。

「ときおり使うモノ」には予備の化粧品や洗面用品、あまり着ない服、包装紙、リボン、特殊な調理器具のように、あまり頻繁に使わない多くのモノが含まれます。使用頻度の目安としては1週間に1回もなく年に数回程度です。

「ストックしておくモノ」はたいてい日常の生活空間ではない場所に保管されています。たとえば物置部屋やガレージがそうです。ここにはスペアの部品や季節物の装飾品、古い書類など、1年に1回使うかどうかというモノが保管されています。

ただし、家の中に収納できないモノをすべて保管しておくためにこのスペースを使わないでください。なるべくモノをため込まないように気をつけましょう。

もし使うことも見ることもなく、しかも保管しておかなければならない財務書類や法律書類ではないなら、ただちにそれを処分すべきです。もしかすると、その最適な行き場所は誰かの家かもしれません。

「すべてのモノの定位置を決める」という原則は装飾品にもあてはまります。

もしあなたにとって特別なモノなら、それを飾るための適切な場所を確保しましょう。それを物置部屋やガレージにたまっている大量のガラクタと一緒に保管するべきではありません。

装飾品の存在価値は見て楽しむことですから、季節物は別として、見えない場所にずっとしまい込んでいるなら、なぜわざわざそんなモノを保管しているのかを自問しましょう。

すべてのモノの定位置を決めたら、その状態を維持することを忘れないでください。

使ったあとはすべてのモノを定位置に戻しましょう。せっかく定位置を与えられているのに、たくさんのモノが家じゅうをさまよっているのでは意味がありません。そういう事態を避けるためには、棚や引き出し、箱にラベルを貼って中身がわかるようにすると便利です。そうすれば、家族全員がモノを使ったあとでどこに戻せばいい

かが一目瞭然になります。その結果、栓抜きが靴下の引き出しに潜入したり、ホッチキスがキッチン用品の中に紛れ込んだりすることはなくなるはずです。

家族全員がモノを使ったら片づける習慣を身につける必要があります。そうすれば、家の中が散らかることはなくなります。服を脱いだら床や椅子の上に放っておくのではなく、きちんとハンガーに掛けてクローゼットにしまってください。

香辛料や調味料、食器は流し台の上に放置しておくのではなく、定位置に戻すことが大切です。靴は脱ぎっぱなしにせず、靴箱に戻してください。本や雑誌を読み終えたら、本棚やマガジンラックに戻しましょう。おもちゃで遊ぶ時間が終わったら、ちゃんと後片づけをするように子どもをしつけてください。

部屋を出るときは、散らかっているモノを定位置に戻しましょう。

この簡単な習慣は一日に数分しかかかりませんが、それによって家全体が見違えるほどきれいに片づきます。散らかっているモノはたむろするのが好きですから、すぐに仲間づくりを始めます。たとえば、リビングルームにモノが散らかっていると、たくさんのモノを呼び集めてパーティーを開きたがるのです。しかし、モノがいつも定位置に戻されていると、迷子になったモノが群れ集まることはありません。

「残念ながら、収納場所が足りない」と言う人もいるでしょう。

安心してください。あなたは幸運なのです。収納場所が多ければ多いほど、保管するモノが増える傾向があります。

しかも、それらのモノは本当に必要だとはかぎりません。大きなクローゼットや食器棚を持っていると片づけに手間取りますが、そんなに大きな収納場所がなければ、少しの労力で片づけることができます。つまり、**収納場所が少ないのはむしろいいことで、家をきれいに片づけるうえで非常に好都合なのです。**

「よく使うモノ」
1日に数回から1か月に1度まで

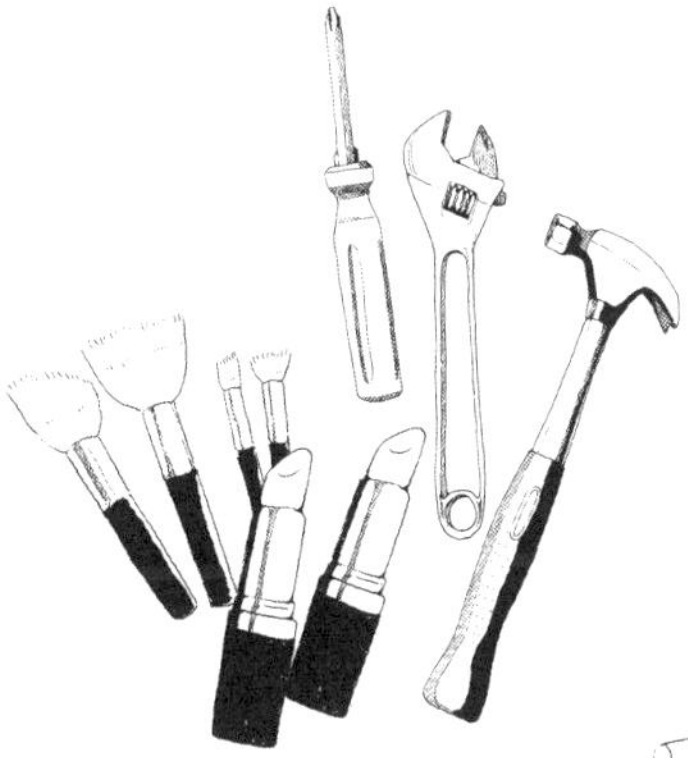

「ときおり使うモノ」
1年に数回

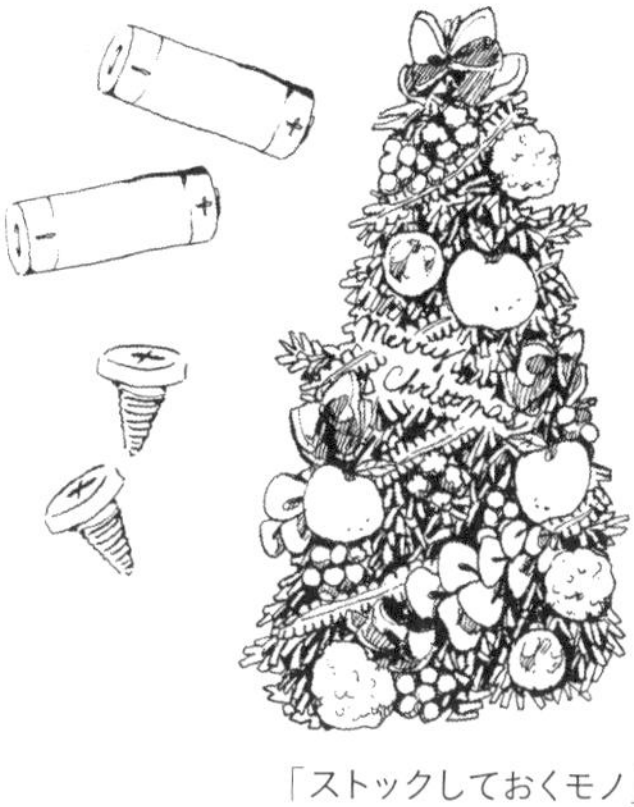

「ストックしておくモノ」
1年に1回使うかどうか

05
すべての水平面をスッキリさせる

家の中の水平の表面は、磁石のようにモノをひきつけて散らかる傾向があります。両手がふさがった状態で玄関に入ったとき、水平面を見たとたんに手持ち品をそこに置きたくなるからです。広くて平べったい場所には、モノを置きたくなる抗しがたい魅力があります。それはまるで引力の作用とさえ言いたくなるほどです。

家の中の水平面を見渡してください。ダイニングテーブルの上にお皿やスプーン、フォーク、飾り物以外に何か置いてありませんか？　コーヒーテーブルの上に飲み物やお菓子以外に何か置いてありませんか？　サイドテーブルの上にランプやリモコン以外に何か置いてありませんか？

ベッドはどうですか？　シーツや毛布、枕だけですか？　シンクには何もなく、次の食事をつくる準備ができていますか？　机の表面はどのくらい見えますか？

水平面がスッキリしていないと、何らかの活動をするスペースを確保できません。

それと対照的に、スッキリした水平面は可能性にあふれ、魔法のような力を発揮します。

家の中のあらゆる水平面が散らかっていると、さまざまな活動に支障をきたします。おいしい食事をつくる場所がありませんし、家族が団らんする場所もありません。さらに、宿題をしたり趣味を楽しんだりする場所もありません。場合によっては、一日の終わりに熟睡する場所すらないかもしれません。

しかし、心配は無用です。

水平面が散らからないようにするためには、「水平面は収納場所ではない」という原則を厳守しさえすればいいのです。

水平面は作業や活動の場所ですから、いつもスッキリさせておかなければなりません。このミニマリストの原則に従えば、大きな成果が得られます。家がきれいに片づいて落ち着いた雰囲気になり、今までよりずっと掃除しやすくなるからです。

そのためには水平面に対する考え方を改める必要があります。

物理的な特性についてはとくにそうです。本来、水平面はモノを寄せつける性質を持っています。平坦で広々として、モノを置くのにうってつけの場所だからです。

しかし、いったんそこにモノを置くと、何日間も何週間も、場合によっては何か月間もとどまる可能性があります。

ときにはあまりにも長いあいだそこにあるために、その存在にすら気づかないほどです。それがそこにあることに見慣れてしまい、風景の一部になるのです。さらに他のモノが次々に加わり、ついに水平面は平坦でなくなって、そこに「付着」している多くのモノでできたデコボコの地形に成り果てます。

要するに、水平面に放置されているモノはすぐに片づけなければならないということです。

たとえば、テーブルの上にコップや本を置いたら、その場を立ち去るときにそれを定位置に戻してください。家族にもそうするように言いましょう。

ただし、例外があります。

たとえば、テーブルの上のランプやキャンドルスティックなどの飾り物がそうです。さらに、テーブルの上のリモコンや調理台の上のクッキーの入れ物、ベッド脇の小型テーブルの上の目覚まし時計も例外に含まれます。

もしこういう飾り物や機能的なモノをテーブルの上に置きたいなら、**その数をひとつの表面につき3つに限定してください**。そうすれば、余分なモノがたまるのを防ぐことができます。

最後に、家の中で最大の水平面について忘れないでください。それは床です。しかし、床は面積が広いだけにやっかいです。テーブルやクローゼット、引き出しがいっぱいになっているときやモノを片づけたくないとき、ついつい床の上にモノを置いておきたくなります。どうかその誘惑にかられないでください。

床には境界がない（だからモノが転げ落ちない）だけに、いったんモノを載せてしまうと、どんどんたまっていきます。床の大半がモノで埋もれて、部屋を横切るための細い通路だけがかろうじて残っている家を私はたくさん見てきました。

こんな環境では身動きがとりづらく、ましてや生産的な作業をすることは至難のわざです。**床の上には何も置かず、すいすい歩けるようにしてください。**

いったん家の中の数々の水平面をスッキリさせたら、その状態を維持したいと思うはずです。

そのための最も効果的な方法は、水平面をつねに点検する習慣を身につけることです。

部屋を出たり照明を消したりする前に、テーブルや調理台、床の上を確認しましょう。その表面がスッキリしていないなら、数分かけてすぐにそこをきれいに片づけてください。この迅速で簡単な行為が、家の中が散らからないようにするうえで大いに役立ちます。

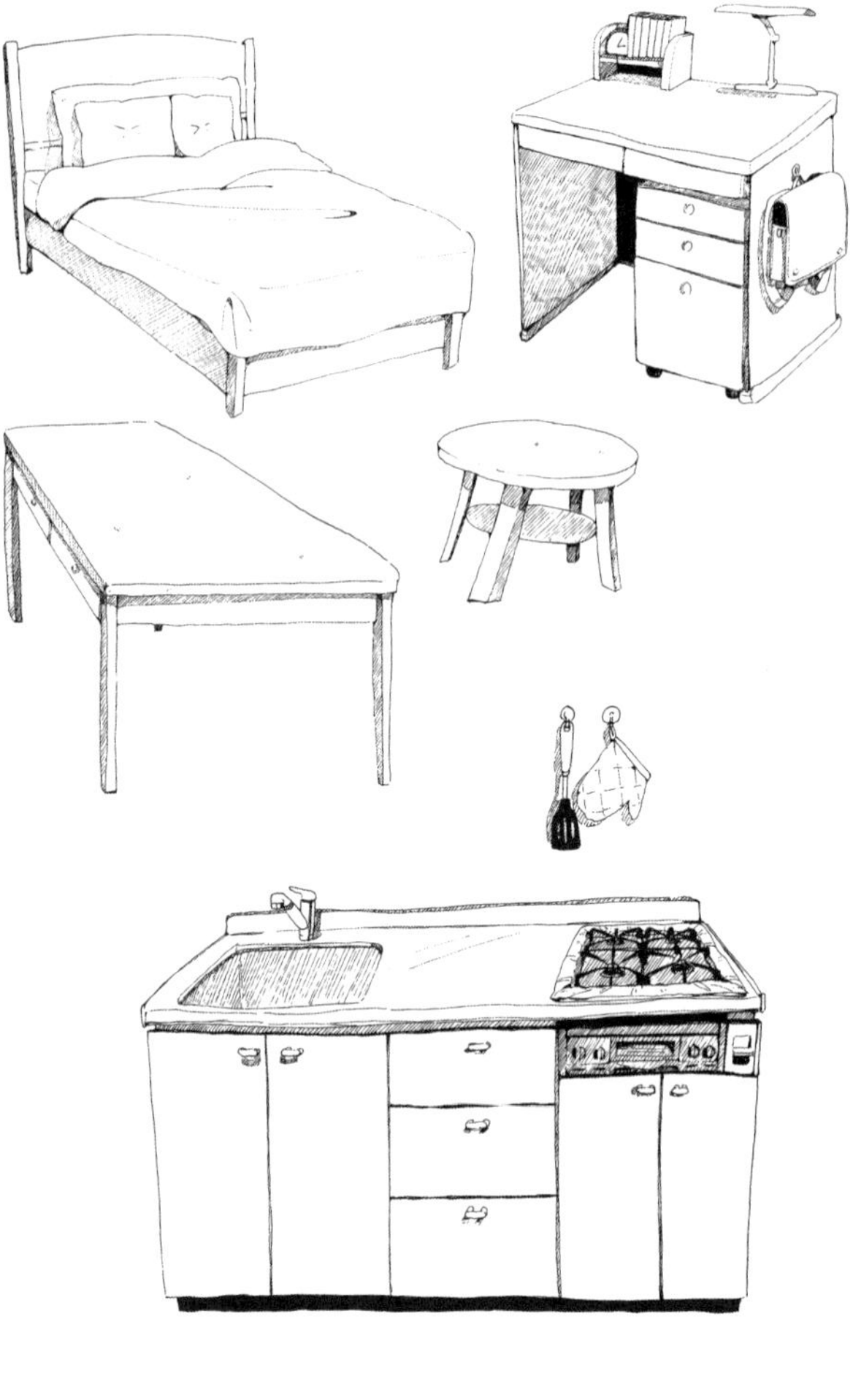

水平面にはモノを放置しない。どうしても必要なら 3 個まで。

06

モノを機能別にまとめる

この項では、家をきれいに片づけてモノを管理し、ミニマリストの目標を達成するのに役立つ整理術を紹介します。

モノを機能別にグループ分けしましょう。

同様の機能を持つモノをまとめて無駄を省き、必要なときにすぐに見つけられるようにしなければなりません。簡単に言うと、所有物を機能別にまとめ、制限し、収納する必要があるということです。

最初のステップは、同様の（または関連した）モノを機能別にまとめることです。たとえば、DVD、延長コード、クリップ、救急用品、手芸用品、金物類、写真、調味料、などなど。

所有物を機能別にまとめる理由は、見つけるのが簡単になるからです。包帯が必要になれば、キャビネットをくまなく探すのではなく、救急用品のグループを探してください。

好きなDVDを観たければ、棚の上や寝室の中やソファーの下を探すのではなく、DVDのグループを探してください。家具の組み立てにネジが必要になれば、金物類のグループを探してください。

モノを機能別にまとめることによって、自分がどれだけたくさん持っているかがわかります。

数十本のボールペンをまとめておけば、買い足す必要はなくなります。イヤリングを10個も持っていることに気づけば、さらに買い足して散財しないはずです。

このテクニックはとくに手芸用品を買いすぎるのを防ぐのに役立ちます。それらを1か所にまとめることの効用は、我に返らせてくれることです。（「こんなにたくさんの編み糸を集めるなんて、私はいったい何をしているのかしら？」）

これによって、すでに持っているモノをうっかり買ってしまうのを避けることができます。急いで何かを買いに行き、あとになってそれを持っていたことに気づいたことは何回くらいありますか。すぐにそれぞれのグループを調べれば、余分なモノを買うのを防ぐことができます。

いよいよ、ミニマリズムにめざめた人がお待ちかねの作業が始まります。

いったん所有物を機能別にまとめたら、それを制限しましょう。モノを機能別にまとめると余分な蓄えがあることに気づくはずです。

そこで、実際に使う数量に制限してください。引き出しの中に潜んでいる多くのワイヤーリボンやビニールタイ、お箸、紙マッチがすべて必要だと感じている人はまずいないでしょうから、余分なモノを処分して引き出しをスッキリさせましょう。

それと同様に、ペンは10本ほどあれば十分ですから、数十本も保管しておく必要はありません。あなたは一度に何本くらい使いますか？　1本のペンを使い切るのにどのくらいかかりますか？

1本のペンが6か月もつとすれば、60本あれば30年分の蓄えがある計算になります。そんな遠い未来のためにペンを保管しておく必要がありますか？　その蓄えをよく調べて、必要な分だけ保管すればいいのです。

それと同じ原理を靴下やTシャツ、コップ、プラスチックの容器、ハンドタオルなど、たくさん持っているモノにも適用してください。

最後に、いったんモノを機能別にまとめて制限したら、それを収納する必要があります。そうすることで家じゅうが散らかるのを防ぐことができます。

収納場所は棚や箱、プラスチックの容器、ファスナー式のケースなど、中身の大きさと量に適したものがいいでしょう。私自身は、開かずに中が見える透明の容器が気に入っています。不透明なモノを使っているなら、簡単に見分けがつくようにラベルやカラーコードを使うと便利です。

入れ物を使うことの利点は、手軽に持ち運べることです。たとえば、自宅で家族と映画を観ているときに編み物をしたくなったとしましょう。編み物の道具が入った容器を持って来れば、準備完了です。作業が終われば、それをテーブルの上に放っておきたいとは思わないでしょうから、すぐに入れ物の中に戻して片づけてください。

自宅に仕事部屋がないなら、帳簿や計算機、ペンなどの仕事用の道具の容器を用意し、作業が必要になったら、ダイニングルームやその他の場所にそれを運びましょう。子どもにもおもちゃや本、ゲームについて同じようにすることを教えれば、一日の終わりに片づけをする手間が大幅に省けます。

モノを収納する前に、それを分類して制限することの重要性を強調しておきます。暮らしをシンプルにしようと思い立つと、近所のホームセンターに行っておしゃれな収納用品を買い込んでくることが往々にしてあります。

私たちは所有物をおしゃれな収納用品に入れさえすれば整理整頓できると思いがちですが、機能別にまとめたモノの中から不用品を処分しないかぎり、いつまでも抜本的な解決はできません。

収納用品を使うと片づけられたように見えるかもしれませんが、それは不用品を隠しているだけです。家をスッキリさせて暮らしをシンプルにしているのではなく、たんに不用品の配置転換をしているにすぎません。

モノを箱の中に入れるまでに、できるだけたくさん処分してください。まず生活必需品を集めて収納する便利な方法を見つけてください。ミニマリストになることは、家をきれいに片づけることをさらに推し進めることを意味しています。

グループ分けをすれば、余分なモノを処分するシステムを構築し、自分のニーズに合った所有物だけを残すことができます。

---

07 モノの上限を設定する

ミニマリストの暮らしには所有物を絶えずチェックすることが含まれますが、その最も効果的な方法は上限を設定することです。

きっとあなたは「えっ、ちょっと待って。上限を設定するなんて面倒だし、そんなことをしたら窮屈じゃないか」と思っていることでしょう。

しかし、心配は無用です。**上限を設定すれば、所有物を上手に管理できますから、より多くのスペースを確保できます。**

所有物に上限を設定すると、暮らしが窮屈になるどころか、むしろ快適になります。

本を例にとって考えてみましょう。

本がすぐにたくさんたまることは、誰もが経験的に知っているとおりです。私たちは本を買って読みますが、気に入ったかどうかや再び読むかどうかに関係なく、いつまでも残しておく傾向があります。

それを買うのにお金を払い、時間と労力をかけて読んだので、その証拠がほしいのかもしれません。実際、大作を読んだ証拠を残すために、その本を本棚に飾っておくことがよくあります。（正直に告白してください。トルストイの『戦争と平和』を本棚に飾っていませんか？）

しかし、そんなことをせずに、残すのは大好きな本に限定し、残りの本をすべて流通させましょう。たとえば、地元の図書館に寄贈するとか古書店に売るとか友人や親戚に寄贈するといった方法が有効です。

上限を設定することは、増え続けるホビー用品を管理するのにも役立ちます。それをひとつの収納場所に限定してください。そこがあふれ出したら、新しいモノを入手する前に古いモノを使い切りましょう。

そうすれば余計な出費を抑えるだけでなく、現実を直視することができます。道具を集めるのと同じくらい活動を楽しんでいますか？

もしそうでないなら、自分の趣味について考え直してみるべきです。しかし、もしそうなら、その道具を使い切りましょう。

上限を設定することは大半のモノに適用できますし、またそうすべきです。所有物に上限を設定するのを楽しみましょう。ＤＶＤは所定の棚に、セーターは所定の引き出しに、化粧品は洗面化粧台に収まるようにしてください。靴や靴下、キャンドル、椅子、シーツ、鍋、まな板などにも上限を設定しましょう。雑誌の購読数やコーヒーテーブルの上のモノにも上限を設定しましょう。

祝日の飾りつけをひとつの箱に、スポーツ用品をガレージの片隅に収まるように上限を設定しましょう。家族の規模に合わせてお皿やコップ、用具に上限を設定しましょう。庭の大きさに応じてほうきやちり取り、剪定バサミに上限を設定しましょう。

その昔、上限は外的な要因によって設定されていました。いちばんわかりやすい基準はモノの値段や入手のしやすさです。当時、モノはたいてい手作りで、地元にだけ流通していましたから、数が少なくて値段が高かったのです。

百年前ならミニマリストになるのは簡単でした。生活必需品ですら入手するのが困難で、ましてやそれ以外のモノを入手するのは至難のわざだったからです。しかし、今では近所のスーパーやホームセンターに行けば、ほしいモノが何でも手に入ります。

大量生産と地球規模での流通システムによって、消費財が安価で大量に入手できるようになったのです。たしかにこれは便利ですが、多くの人が経験しているように、家じゅうにモノがあふれ返っているのは由々しき事態です。

主体性を持って自分の消費活動に上限を設定しないかぎり、家じゅうがたちまちモノに埋もれてしまいます。

モノの総量は、そこにあるスペースをいっぱいに満たすまで拡大します。したがって、そのスペースを縮小すれば、所有物が制限され、ストレスがやわらぎます。

大きな家を持っていないなら、そんなにたくさんのモノを残しておけません。ワンルームマンションから2台の車を収容するガレージ付きの家に引っ越したと想像してください。それだけ広い収納スペースを確保できても、やがてモノであふれ返るようになります。

狭いマンションでフィットネスバイクを使わなくなれば処分するでしょうが、大きな家に引っ越すと、たぶんそれをガレージに保管することになります。小さな家では所有物がおのずと制限されますから、ミニマリストのライフスタイルを実践することがずっと簡単になるのです。

所有物に上限を設定すると息苦しく感じると思うかもしれませんが、逆に解放感が得られることに気づくでしょう。

もっとたくさんほしがり、もっとたくさん買いたがり、もっとたくさんしたがる文化の中で、所有物に上限を設定することは心の平和をもたらしてくれます。

実際、所有物に上限を設定することの喜びを発見すれば、暮らしの他の分野でもその原理を応用したくなるでしょう。所有物に上限を設定すれば、あわただしいライフスタイルを改め、貴重な時間を増やすことができます。

消費活動に上限を設定してクレジットカードの請求額を減らし、貯金を増やすことができます。脂っこい食品や砂糖をたっぷり使った食品に上限を設定すれば、ウエストが引き締まり、健康を増進することができます。

身の回りのさまざまなことに上限を設定すると、可能性は無限大に広がります。

08
ひとつのモノを入れたら、ひとつのモノを出す

ひたすら片づけているのに、家の中を見渡すと成果が上がっていないことがあります。これはなぜでしょうか？

不用品をゴミ袋にいっぱい入れて路肩に置き、慈善団体に持っていくために自家用車のトランクに詰め、親戚に譲るために箱詰めをしているのに、クローゼットや引き出し、ガレージにはモノが以前と同じくらいあふれ返っているように見えます。一生懸命に努力しているのに、いったい何が問題なのでしょうか？

家の中にある全所有物をバケツの水とみなしてください。

片づけはバケツの底に穴をあけるのと似ています。家の中の不用品を処分することは、一滴ずつゆっくりと水をバケツから抜いていくようなものです。努力を続けているかぎり、所有物は着実に減っていくはずです。

しかし、ここに問題があります。バケツに水を注ぐのをやめれば、水は減りますが、家の中にモノを入れるたびに、バケツに水を注いでいるのと同じことになります。したがって、買い物に出かけてモノを持ち返っているかぎり、いくら家をきれいに片づけても成果は上がりません。バケツはいつまでたっても空っぽにならず、それどころか水であふれ返ります。

この問題を解決するにはシンプルなルールに従う必要があります。

それは「ひとつのモノを入れたら、ひとつのモノを出す」ということです。一滴の水をバケツに注いだら、一滴の水を出さなければならないのと同じ理屈ですね。

「ひとつのモノを入れたら、ひとつのモノを出す」というルールは、似たモノを買うときに大きな効果を発揮します。

1枚の新しいシャツをクローゼットに入れたら、着なくなった1枚の古いシャツを出しましょう。1冊の新しい本を本棚に入れたら、読まなくなった1冊の古い本を本棚から出しましょう。1枚の新しいお皿をキッチンに入れたら、使わなくなった1枚の古いお皿をキッチンから出しましょう。

所有物のバランスをとる必要があるなら、少し調整しなければなりません。ズボンはたくさんあるのにシャツが少ないなら、1枚の新しいシャツを買うたびに1本の古いズボンを処分するといいでしょう。

ただし、1着の新しいコートを買って1足の靴下を処分したり、1脚の椅子を買って1個のクリップを処分したりするのではバランスがとれません。

とはいえ、新しいモノを買っても、それと取り換えるべき古いモノを保管し続けることがよくあるのが実情です。

それはたいていこんな展開になります。家の中を見渡して具合の悪いモノを見つけます。たぶんそれは流行遅れか故障しているかニーズに合わないかのどれかです。そこで、最新のよりよいモノを入手して古いモノと取り換えるために買い物に出かけます。下調べをし、値段を比較し、カスタマーレビューを読んで、ついに購入します。

ところが奇妙な事態が発生します。新しいモノを家に持ち返ると、古いモノがそんなに悪くないように見えてくるのです。使うのに適さないと思っていたのに、まだ捨てるのはもったいないように思えてきます。それが必要になるあらゆる状況（ありえないような状況も含めて）を想像し始めます。（買ったばかりの新品が急に具合が悪くなることを想定しているかのように。）

その結果、古くてくたびれたモノは、万が一必要になったときに備えて物置部屋かガレージにしまい込まれます。

しかし、使わないモノを家の中に保管しても邪魔になるだけです。

「ひとつのモノを入れたら、ひとつのモノを出す」というルールは、不用品を家の外に出すのに役立ちます。

新しいモノが家の中に入ってきたら、古いモノに別れを告げましょう。

このやり方は高度なテクニックを要しませんが、規律が必要になります。これは私自身の経験からもはっきり言えます。「あとでなんとかしよう」と自分に言い聞かせてごまかしてしまうからです。

多くの人は新しいセーターやハイテク製品にワクワクするあまり、古いモノを処分するのを怠りがちです。しかし、そんなときこそミニマリストの本領を発揮し、買ったばかりの新しいモノを使う前に古いモノを処分しましょう。

すぐにそれを実行しないかぎり、その機会は永遠に訪れない可能性が高いです。私自身は、古くなって使っていないモノを処分するまで新しいモノを車のトランクに入れたまま取り出さないことにしています。

いったん片づけを始めたら、「ひとつのモノを入れたら、ひとつのモノを出す」というルールはすばらしい指針になります。それによって所有物を制限し、正しい方向に歩むことができるからです。

苦しみもがいてやっと10個のモノを排除したのに、その間に新しいモノが12個も増えていたのではがっかりです。「ひとつのモノを入れたら、ひとつのモノを出す」というルールに従えば、このパターンを防ぐことができます。いったんこのルールに従う決意をして実行に移すなら、家の中にモノがどんどん増えることはありません。

すばらしいのは、不用品を処分しながら所有物が着実に減っていくのを自分の目で確認できることです。

あなたは新しいモノをむやみに買わないように気をつけていますから、効果は歴然です。当然、不用品を処分すればするほど、大きな成果が上がります。そこで次項では、家の片づけをさらに推し進める方法を紹介しましょう。

09 モノをひたすら減らす

前項では、入ってくるモノと類似したモノを処分することによって所有物の数を制限する方法を紹介しました。うれしいことに、1歩進んで2歩下がることを心配する必要はもうありません。この方法なら不用品を処分するたびに家の中をスッキリさせることができます。

さらに大きな成果を上げるためには、不用品を処分する努力を加速させましょう。

家をきれいに片づけたいなら、2つか3つの不用品を処分して終わりというわけにはいかないからです。**私たちがめざしているのは、ふだんの生活に必要なモノだけを所有するというミニマリストの究極の目標を実現することです。**したがって、部屋やクローゼット、引き出しの中のモノをひたすら減らしましょう。

理想的には、所有物を必要最小限に減らしたいものです。とはいえ、テント暮らしや床の上での寝泊まりを提案しているのではありませんから、安心してください。必要最小限のモノとは、人によって意味合いがずいぶん異なります。ヨットで生活している人ならホットプレートがあれば食事のニーズを満たせるかもしれませんが、フル装備のキッチンが必要な人は、電子レンジやピザ用天板、炊飯器が不可欠だと考えるでしょう。スキューバダイビングの用具が必要だと思う人がいるかもしれませんが、ほとんどの人にそれは必要ありません。

生活必需品は年齢や性別、職業、趣味、気候、文化、家族、同僚などのさまざまな要因に左右されます。ミニマリストのビジネスパーソンは数着のスーツと2、3足の革靴が生活必需品だと考えるかもしれませんが、自宅で働いている人は小さなワードローブでやっていくことができます。

幼い子どもを持つ親と一人暮らしの独身者とでは生活必需品の内容が異なりますし、本好きの人とスポーツ好きの人でも生活必需品の内容が異なります。さらに、学生と高齢者でも生活必需品の内容が異なりますし、男性と女性でも生活必需品の内容が異なります。

そんなわけでミニマリストの生活必需品の典型的なリストは存在しません。実際、所有物の数が50でも500でも5000でも関係ありません。重要なのは、それが自分にとって十分かどうかです。あなたは自分にとっての生活必需品のリストを決め、それに合うように所有物を減らしていかなければなりません。

このステップは、所有物を自分にとって最適のレベルにまで減らすことをめざしています。モノを選ぶとき、自分がそれを本当に必要としているかどうか、それがなくても十分にやっていけるかどうかをよく考えてみましょう。

同じモノをたくさん持っていることに気づいたら、余分なモノをすぐに処分してください。 使っていないモノがいっぱい入っている箱を見つけたら、箱ごと処分することを真剣に検討しましょう。

すばらしいことに、ミニマリズムを実践すると、生活必需品だと思い込んでいたモノの数が着実に減っていきます。

たんに不用品を処分することに加えて、より創造的な方法でモノを減らすこともできます。単機能製品より多機能製品を選ぶこともそうです。

たとえば、ソファーベッドは来客用ベッドの必要性をなくしますし、スキャナ機能付きのプリンターはオフィス用品をひとつ減らすことができます。また、スマートフォンはカレンダーや腕時計、計算機、手帳などの役割も果たします。私たちの目標は、最小数のアイテムで最大数のタスクをやり遂げることです。

それと同様に、専門化したモノより多目的なモノを選びましょう。たとえば、大きなソテーパンは複数の調理器具に相当する働きをします。黒のベーシックパンプスは職場にもプライベートにもぴったり合いますから、真っ赤なハイヒールのようにどれにも合いにくいモノより使い勝手にすぐれています。汎用性のある洗剤はシンクや浴槽、鏡、調理台の各洗剤にとってかわり、いろいろな場所をピカピカにしてくれます。

ただし、幸せな気分で所有物を減らしていると、途中で障害物に出くわすことを知っておいてください。それは思い出品です。実際、思い出がいっぱいつまったモノを手放すのは困難を伴います。

しかし、心配する必要はありません。

それに対処する方法を紹介しましょう。

愛する人の形見をたくさん受け継いでも、それをすべて残さなければならないと思わないでください。

故人の思い出を大切にするためには、特別なモノをひとつかふたつ残しておけば十分です。同じことが学校行事や結婚式、出産、旅行などの記念品についてもあてはまります。それぞれの機会を祝うモノをひとつだけ選んでください。大きさと持ち運びやすさも考慮しましょう。たとえば、祖父のグランドピアノより懐中時計を大切にすることを検討してください。

自分が受け継いだコレクションにもこのやり方を適用しましょう。祖母が残した大量の陶器をすべて残すのではなく、**故人を偲《しの》ぶためのモノをひとつだけ選んで飾ればいいのです。**

あるいは、そのコレクションの写真を撮り、現物をすべて処分してもいいかもしれません。**写真なら場所をとらずに思い出を残せますし、いつでも見て楽しめます。そのほうが大量のコレクションを収納用品の中にしまい込んでおくより便利です。**

最後に、所有物をデジタル化して減らすこともできます。最近では、音楽や映画、写真、ビデオゲーム、書籍は電子化して減らせるようになりました。ミニマリストになるのにたいへん便利な時代が到来したと言えます。

ミニマリズムを実践するなら、所有物を減らす新しい方法を絶えず模索しましょう。

創造性を発揮して、より少ないモノでより多くのことをし、楽しみながら可能性を追求してください。なくても十分にやっていけるモノが身の回りにたくさんあることに驚くはずです。

10

日々のメンテナンスを心がける

一からやり直し、所有物を「捨てる」「残す」「譲る」の3つに分類し、一つひとつの所有物の存在理由を明確にし、すべてのモノの定位置を決め、すべてのモノを定位置に戻し、すべての水平面をスッキリさせ、所有物を機能ごとにグループ分けし、所有物に上限を設定し、「ひとつのモノを入れたら、ひとつのモノを出す」というルールに従い、所有物をひたすら減らす。

これまで紹介した片づけのすべてのステップをたどったら、もう元には戻りたくないはずです。ようやくここまで到達したのですから、日々のメンテナンスを通じて勢いを維持しましょう。

ミニマリストになることはライフスタイルを変えることですから、不用品を徹底的に処分すればいいというわけにはいきません。リバウンドして新たな不用品をため込んでしまうおそれがあるからです。

私たちがすべきことは、根底にある考え方を変えて、新しい習慣を身につけることです。

ミニマリストとしての暮らしを一回きりの活動としてではなく、ライフスタイルの抜本的な改善としてとらえてください。

より重要なのは、家の中に入ってくるモノに警戒を怠らないことです。自宅の守衛になることに関する説明を思い出してください。ミニマリストのライフスタイルを追求したいなら、油断してはいけません。

気をゆるめるとモノはすぐにたまってしまいます。幸い、この問題は意外と簡単に克服できます。入ってくるモノを管理する方法を確立すればいいからです。

手紙やカタログ、ギフト、景品には気をつけましょう。それにはリサイクルと寄付のための箱を玄関の近くに設置すると驚異的な効果を発揮します。家の中が不用品でいっぱいになるのをたやすく防止できるからです。

家の中に押し寄せるモノの洪水を止めようとやっきになっていると、いつも守勢に立たされているような気分になるかもしれませんが、工夫すれば攻勢に転じることができます。郵送先名簿から自分の住所を外してもらい、雑誌の定期購読をやめ、ギフトのやり取りを廃止し、必要最小限のモノで暮らす決意をしていることを相手に伝えましょう。

とくに最後の点は意外と重要です。

なぜなら、あなたの家の中にあるモノが少ないことに気づくと、親戚や友人、知人は「この人にはもっとモノが必要だ」と善意で解釈するかもしれないからです。その結果、ほしくない贈り物をいっぱいもらうことになり、最悪の場合、その人たちの不用品をひっきりなしに受け取るはめになります。

玄関先を管理することに加えて、散らかりやすい場所にも監視の目を向けてください。ご存じのとおり、少し散らかっているだけでも、そこはどんどん散らかります。**いったんひとつのモノをしばらく放置すると、その仲間が寄り集まって混沌とした状態に陥りますから、モノが散らかっているのを見かけたら、収拾がつかなくなる前に片づけましょう。**

実際、少しでも散らかっていることに気づいたら、すぐに行動を起こさないと手がつけられない状態になりかねません。

考えてみてください。何も置かれていなくてスッキリした水平面と、余分なモノがひとつだけ置かれている水平面とでは大違いです。その気まぐれなモノはなんとなく目障りで、うっとうしく感じられます。

しかし、余分なモノがひとつだけ置かれている水平面と、それがふたつ置かれている水平面とではそんなに変わりませんし、ふたつ置かれている水平面と3つ置かれている水平面とではもっと変わりません。

余分なモノを放置して家じゅうがどんどん散らかるリスクをおかすより、少しでも散らかっているのを目にしたらすぐに片づけましょう。

最後になりますが、片づけはずっと続けてください。

究極の目的は家の中をざっと片づけることではありません。それは始まりにすぎないのです。ミニマリストとしての勢いは時間の経過とともに強まり、当初は生活必需品とみなしていたモノが、次に見たときは不用品のように思えてくることがあります。

そこで定期的に不用品を処分することをおすすめします。最初に不用品を処分したあと、数週間か数か月後に再び周囲を見渡してください。所有物を新鮮な目で眺めることができるはずです。

それによってミニマリストの喜びと自由を経験し始めますから、ますます意欲がわいてきて、どんどん不用品を処分したくなるでしょう。2回目、3回目、4回目（さらに10回目、20回目）には、不用品を手放すことが以前よりずっと簡単にできることに驚くはずです。

当然、練習を積めば、めきめき上達しますから、着実に成果を上げていくやり方を実行したくなるかもしれません。もしそうなら、**毎日1個ずつでもいいので、不用品を処分することを心がけましょう。**

それはなんでもかまいません。使い古した靴下、もう読まなくなった本、なくても暮らしていけるギフト、サイズが合わなくなったシャツ、かなり前の雑誌、などなど。

この作業は時間と労力をたいして必要としませんが、1年後には365のモノが減った分だけ家がスッキリしていることでしょう。

その際、まだ役に立つモノをゴミ処理場に送るのを避けるためには、寄付用の箱を玄関先に設置すると効果的です。処分したモノをひとつずつ入れて、その箱がいっぱいになったら慈善団体に寄付してください。

あるいは、一定の期間に処分する不用品の数値目標を設定するといいかもしれません。たとえば、1週間に10個とか1か月で100個といった具合です。

処分した不用品の数については進捗状況を把握し、モチベーションを維持しましょう。いちばん大切なのは、それを楽しむことです。

ミニマリストの暮らしで最もすばらしいのは、すぐに恩恵が得られることです。不用品を処分するたびに、精神的負担が軽くなります。毎日それを実行すれば、爽快な気分になるはずです。もっと早く始めたらよかったと後悔することでしょう。

第3章

部屋別・持たない暮らし 実践編

いよいよワクワクする作業に取りかかります。
これまで学んできた数々の
テクニックを実行するときが来たのです。
第3章では部屋ごとに
片づける方法を紹介します。
飛ばし読みをして好きな部屋から
始めてもかまいません。

どの部屋もきれいに片づけると、
家じゅうが快適な
居住空間に生まれ変わります。

では腕まくりをし、
張り切って作業に
取りかかってください！

01 リビングルーム

この章ではリビングルームに焦点をあてます。ここは家族みんながくつろぐ憩いの場です。ほとんどの家でリビングルームは最も広い場所で最もよく利用されますから、ここをきれいに片づければ、家の中をスッキリさせるきっかけをつかむことができます。

一からやり直す

まず、家の外に出てみてください。

立ち上がって玄関を出て戸を閉めましょう。いったん家の外に出たら、気分を入れ替えて新鮮な空気を吸ってください。あなたが家の中に戻るころには、私が魔法をかけて家をきれいに片づけておきましょう……というのは、もちろん冗談ですが、このエクササイズにはメリットがあります。

では、家の中に戻ってください。

いったん玄関に入ったら、自分がその住人ではないと思ってみましょう。

そして、来客になったつもりで客観的にリビングルームを眺めながら、次の問いを自分に投げかけてください。

＊　どんな印象を抱いたか？

＊　目の前に広がる光景は素敵か？

＊　そこはくつろげる雰囲気か？

＊　散らかっていて汚いので逃げたい気分か？

＊　そこにあるたくさんのモノに囲まれて、ずっと暮らしたいか？

リビングルームを外部の人の新鮮な目で眺めるといい理由は、部屋が散らかっている状態に慣れると気にならなくなってしまうからです。

コーヒーテーブルの上に雑誌や手芸品、小物類、子どものおもちゃが何週間も何か月も何年も放置されていても、いったん見慣れると何も感じなくなります。たとえば、ソファーの上に散らかっている本、テレビの周囲に積んであるDVDがそうです。目の前にモノが散らかっていても、しばらくするとそれが目に入らなくなるのです。

リビングルームの様子を把握したら、そこにあるモノを観察しましょう。たんすやソファー、クッション、装飾品をじっくり見ながら、次の質問を自分に投げかけてください。

＊ それは機能的で美しいか？

＊ 調和がとれていてリビングルームにふさわしいか？

* まるでフリーマーケットのような光景になっていないか？
* さらにひどいことに、収納庫の内部のようになっていないか？
* その中身をすべて表に放り出したら、再び家の中に戻したいか？
* あるいは、一気に処分できてよかったと感じるか？

捨てる、残す、譲る

普通のアドバイスは、小さく始めて徐々により大きな課題に取り組む、というものです。これは悪いアイデアではありませんが、今回は違うやり方を試してみましょう。いきなり大きな作業に取り組むのです。

リビングルームには大きなモノがあるはずですから、大きく始めるすばらしい機会を提供してくれています。**重宝していない1点の家具を処分するだけでも劇的なインパクトがあり、より小さなモノを処分する動機づけになります。**

使い古した椅子や使っていないサイドテーブルを処分することによって、部屋の中にいっぱいたまっている不用品を処分するきっかけになるはずです。

そんなわけで、大きなモノに注目してください。

どの家具も頻繁に使っていますか？

「ずっとそこにあるから」という理由だけで、そこに置かれたままになっている家具はありませんか？

自分と家族がどのように部屋を使っているか考えてみましょう。

・あなたはソファーと床のどちらでくつろいでいるか？
・片隅にある椅子を利用している人はいるか？
・家具を減らせば、くつろいだり遊んだり映画を観たりするスペースが増えるか？

世間体のために何らかのモノを所有しなければならないと感じる必要はありません。


私が夫と海外で暮らしていたとき、家の中にソファーがありませんでしたが、ソファーは自分たちのライフスタイルに合わないと判断していました。

ちなみに私たちの家にはテレビもなく、さらに来客もそう多くなかったので、平日の夕方と週末は夫婦で町に出かけていました。そこで、リビングルームには2脚の安楽椅子と1台のコーヒーテーブルだけを備えつけることにしました。この3点の家具でニーズを満たせていて、私たち夫婦にはそれ以外のモノは余分だったのです。

大きなモノを処分することにためらいを感じるなら、数日間それをリビングルームから物置部屋かガレージに移し替え、そのために家族の誰かが困るかどうか調べてください。

たんにモノをどこかに移動するだけでも、その本質が見えてくることがあります。いったんそれが元の場所を離れたら、執着を断ち切るのはより簡単になります。

大きなモノを処分したら、より小さなモノにも注目しましょう。

▼

リビングルームは大きなモノから処分する

リビングルームの状況によっては、より小さなモノがかなりたくさんあるかもしれません。しかし、落ち着いてください。作業を細分化すればいいのです。

その最善の方法は、棚や引き出しごとに整理整頓することです。中身をすべて取り出して、「捨てるモノ」「残すモノ」「譲るモノ」に分類しましょう。大切なのは急がないことです。中身を分類するのに時間がかかってもかまいませんから、徹底的に検証してください。それくらい注意深くすれば、長期的に大きな恩恵が得られます。

そして、役に立っていない飾り物をリビングルームから一掃してください。棚やキャビネット、サイドテーブルからそれを取り出して箱の中に保管し、それなしで1週間暮らして様子を見ましょう。

知らないうちに余分なモノが生活に支障をきたしていることがあります。もしそれが消えてなくなれば、安らぎを感じるでしょう。リビングルームで手足を伸ばしてくつろぎ、モノにぶつからずに動き回れるはずです。

モノが散らかっていないスッキリした空間に家族や来客がどう反応するか確認してください。その人たちはゆったりとくつろいでいますか？　自由に動き回っていますか？　何らかの活動に積極的に取り組んでいますか？

存在理由を明確にする

不用品をもっと減らす方法を考えてみましょう。

基本的に、家族のニーズを満たすモノ以外をほしがってはいけません。

リビングルームに不可欠なのは、家族全員が座る場所です。筋金入りのミニマリストなら数個のフロアクッションで満足するかもしれませんし、独身者なら安楽椅子が1脚あればやっていけるかもしれません。一方、一部の家族はソファーが生活必需品

だと考えるでしょう。

しかし、家族が3人しかいないのに、8人分の席が必要かどうか自問してください。もし来客があれば、折りたたみの椅子を何脚か用意すれば十分です。あるいは、みんなで床の上に座って自由な雰囲気を楽しむのもいいでしょう。

ソファーの占有面積も検証する必要があります。

部屋全体をほぼ埋め尽くすほど大きな組み立て式ソファーを私は何度も見てきました。そういう巨大なソファーが床のスペースの大半を占めていて安らぎを感じるかどうか考えてみてください。

もしかしたら、より小さなソファーでもニーズを満たせるのではないでしょうか？

次に、テーブルについて考えてみましょう。

ほとんどのリビングルームにはテーブルが少なくともひとつは必要です。小さなコーヒーテーブルでも十分かもしれませんが、リビングルームが仕事部屋や作業部屋の役割も果たしているなら、デスクや作業机がさらに必要になるかもしれません。しかし、それ以外のモノはたいてい装飾品にすぎません。もしリビングルームにサイドテーブルがあるなら、それが本当に必要かどうかじっくり考えてください。

リビングルームにあるモノを最小限にするもうひとつの方法は、多機能家具を使用することです。

前述のとおり、ソファーベッドは家族用のソファーと来客用のベッドを兼ねることができます。備え付けの引き出しやキャビネットがついたコーヒーテーブルは他の収納用品の必要性をなくし、床のスペースを広々と使うことができます。

オットマンについても同様です。足を置ける以外に収納機能も付いていると、床の占有面積を減らせるので動き回れるスペースが広くなり、たいへん機能的です。

リビングルームにはテレビのような娯楽設備もあるかもしれません。

しかし、テレビが本当に必要かどうかよく考えてください。意外に思うかもしれませんが、多くの人（私の家族も含めて）はテレビがなくても快適な暮らしを送っていますし、生活に必要な情報を得ています。

しかも、最近はパソコンや携帯電話、タブレットで動画を再生することができます。

さらに特典として、テレビを持っていなければ、テレビ台が必要ありません。たとえテレビがあっても、それを壁に掛ければ、スペースを節約できます。

ほとんどのリビングルームには何らかの棚が設置されていますが、そこはたいていモノでいっぱいになっています。モノが少なければ、必要な棚も少なくて済みますから、コレクションを減らす努力をすればいいのです。歌を歌う、折り紙をする、外国語を学ぶ、簡単なゲームをするというように、道具をあまり必要としない趣味を持つといいでしょう。

映画や音楽、書籍を所有したい人は、デジタル化を検討してください。

映画や音楽、書籍をパソコンやスマートフォンにダウンロードすればいいのです。たったひとつの端末で数百冊の電子書籍を保管できますから、本棚をたくさん持つ必要がありません。大切にしたいコンテンツだけ紙の書籍を購入してください。写真もすべてデジタル化し、誰かに送ったり家の中に飾ったりする場合だけプリントアウトすると便利です。

定位置を決める

次に、リビングルームのモノに「居場所」を作ってあげましょう。

リビングルームはかなり頻繁に使う場所ですから、すべてのモノが定位置にあることはとくに重要になります。少し気をゆるめると、モノがいっぱいたまって混沌とした状態に陥りかねません。

テレビを見、雑誌を読み、ゲームをし、パソコンを使う場所を明確にしましょう。それらの活動に使うモノが定位置にあることを確認し、他の場所に移動しないように気をつけてください。たとえば、雑誌をテレビの上に、遊び道具をソファーの上に放置すべきではありません。

家族全員に整理整頓の重要性を理解してもらい、一人ひとりが秩序を維持する責任を負っていることを自覚するように働きかけてください。

もしリビングルームの一部が誰かの仕事場や作業場になっているなら、その活動を特定のエリアに限定してください。

ついたてを使い、一目でわかるように物理的（かつ心理的）な境界をつくるといいでしょう。その目的はふたつあります。

まず、オフィス用品が他のスペースに紛れ込まないようにすることです。

次に、仕事や作業をするスペースが散らかって集中力を乱さないようにすることです。**机の上がいつもきれいに片づいているなら、生産性が格段に向上します。**

所有物を「よく使うモノ」「ときおり使うモノ」「ストックしておくモノ」に分類してください。

「よく使うモノ」とは、ほとんど毎日のように使うモノをさします。

それらは引き出しや棚のように手の届きやすい場所に保管しましょう。リビングルームで「よく使うモノ」にはリモコンや最近の雑誌、家電製品、パソコン周辺機器、好きな本、映画、ゲームなどが含まれます。

「ときおり使うモノ」とは、週に1回ぐらいの頻度で使うモノをさします。

それらは手の届きにくい場所に保管してください。

「ストックしておくモノ」とは、1年に1度使うかどうかというモノです。

季節の飾り物や大切にしているけれど今は展示できないモノ（たとえば、幼児の安全を確保するため）をさします。それらはリビングルームから出して物置部屋やガレージ、あるいはあまり使わない場所に移動しましょう。

機能別にまとめる

次に、さまざまなコレクションをグループ分けしましょう。たとえば、ビデオゲーム、本、雑誌、家電製品、などなど。それらをごちゃ混ぜにして保管するのではなく、種類ごとに分けて特定の棚や引き出し、容器を割り当てましょう。

このやり方は類似したモノを見つけやすくし、不用品を排除し、適切な数量に調整するのに役立ちます。また、自分や家族がモノを定位置に戻すのに役立ちますから、モノが部屋をさまよったり、家の中の他の場所に迷い込んだりするのを避けることができます。

グループ分けはホビー用品と手芸用品を整理整頓するのにとくに役立ちます。それらを一緒くたにして引き出しやキャビネットに入れるのではなく、活動の種類ごとに分けて保管してください。たとえば、編み物、絵画、プラモデル、ジュエリー制作、などなど。入れ物としては透明のプラスチックのコンテナや段ボールの箱、長方形の深い箱が便利です。そうすれば、特定の趣味に取りかかるときに、そのグループの容器を持ってきて中身を取り出せばいいだけです。作業が終われば、後片づけは簡単にできます。すべてのモノをその中に放り込んで、定位置に戻せば完了です。

モノの上限を設定する

リビングルームについては、そこにあるすべての所有物に上限を設定しましょう。そして、**いったん所有物が上限に達したら、新しいモノを追加する前に古いモノを処分してください**。

私たちの趣味や趣向は年齢を重ねるにつれて変化していきます。以前は大好きだった映画や音楽、娯楽でもやがて飽きてきますから、いつまでも保管するのではなく定期的に取捨選択し、興味を失ったモノを寄贈するなどしましょう。

たくさん寄せ集めたコレクションよりも厳選した新しいコレクションのほうがはるかに楽しめます。もし一時的に流行っているモノに興味があるなら、それを買うのではなく図書館やレンタルショップで借りましょう。そうすれば、それを所有して悩みの種になる（または出費の原因になる）ことなく、幅広い娯楽を楽しむことができます。

趣味や手芸品の場合、グループ分けは手元にあるモノの量の上限を設定するのにも役立ちます。容量いっぱいになったら、手元にあるモノを選別するまで、それ以上ため込まないでください。

所有物に上限を設定することは、不用品を処分するきっかけになります。好きなモノだけを選んで、残りを処分しましょう。

収集癖が人間の習性かどうかはわかりませんが、人生のある時点で、ほとんどの人が何らかのモノを収集したいという理由でコレクションをつくっています。

たとえば、記念硬貨、外国の切手、野球のカード、ビンテージのティーカップ、初版本、映画の入場者記念品、アンティークのくるみ割りがそうです。私たちは新しいモノ（レアであればあるほどいい）を探し求めるスリルを味わい、それを見つけるたびにコレクションに加えて興奮します。

しかし残念ながら、インターネット（とくに中古品市場）が普及して希少品の発掘があまりにも簡単になりました。

かつては希少品がおいそれと入手できませんでしたから、コレクションといってもたかが知れていたのですが、今ではどんなに珍しいモノでもすぐに手に入るようになりました。

一昔前なら入手するのに何年もかかった希少品も、最近ではインターネットで注文するだけですぐに取り寄せることができます。したがって、私たち現代人は自分のコレクションに上限を設定する必要があります。つまり、手当たりしだいに希少品を取り寄せるのではなく、コレクションを一定数に限定するということです。好きなものだけを選んで限定しましょう。

たとえば本の場合、コレクションの上限を100冊に設定するか、本棚のスペースに収まるように設定するかを決める必要があるでしょう。いずれにせよ、蔵書を一定数に抑えることになりますから、本棚には自分が最も好きで最も頻繁に読む本だけを収納することができます。

最後に、装飾品にも上限を設定してください。それには**日本の伝統的な家屋を参考にしましょう。そこには厳選されたモノがほんの少し飾られているだけです。**

それを見習えば、たくさんのモノを陳列して集中を乱すことなく、自分にとって最も有意義なモノだけを鑑賞することができます。だからといって、それ以外の装飾品をすべて処分する必要はありません（もちろんそうしたいのなら別ですが）。好きな装飾品を保管するための容器をつくり、1回に数個だけ取り出して飾り、年間を通じてローテーションするといいでしょう。

ひとつ入れたら、ひとつ出す

「ひとつのモノを入れたら、ひとつのモノを出す」というルールを適用すれば、余計なモノが入ってこないようにしてリビングルームにあるモノの数を抑えることができます。

新しい本やゲームを持ち返ったら、古いモノを処分しましょう。

雑誌の最新号が届いたら、古い雑誌はリサイクルの箱に入れるか友人や知人に渡しましょう。

新しい趣味に取り組んでいるなら、ワクワクしなくなった古い趣味をやめ、その道具を処分しましょう。

買い物に出かけて素敵な装飾品を見つけたら、それを家に持ち返る前に何を処分するかを決めてください。そして、もし古いモノを処分する必要がないと判断したら、新しいモノを買うのをやめて、もっといいモノが見つかるまで待ちましょう。

これを習慣にすれば、リビングルームは一変します。そこはもはや古い趣味や趣向を映し出すカビ臭い場所ではなく、家族の最新の趣味や趣向を映し出すワクワクする空間に変貌します。

日々のメンテナンスを心がける

もし近所の人が今この瞬間にあなたの自宅に立ち寄ったら、すぐにリビングルームに案内してテーブルにお茶を用意できますか？

もし子どもがゲームや工芸品の制作をするなら、そのためのスペースはありますか？それとも、散らかっているモノを片づけるための時間が必要ですか？　ヨガをやってみたくなったら、床には十分なスペースがありますか？　それとも、そこに散らかっているモノをどけなければなりませんか？

リビングルームは生活するための場所です。

しかし、もしそこを一時しのぎの収納庫のようにみなしているなら、リビングルームの本来の役割を無視し、貴重なスペースを台無しにしていることになります。

コーヒーテーブルやサイドテーブル、作業台の上はとくに重要です。新聞や雑誌、おもちゃ、本、工芸品がテーブルの上に散らかっているなら、創造的な活動をすることができません。

リビングルームは、幼い子どもがお絵かきをし、中高生の子どもが友達とゲームをし、大人がお茶やコーヒーを飲んでくつろぐ場所なのです。

リビングルームの中で最も広い水平面である床もスッキリした状態を維持しましょう。とくに子どもは歩き回り、はしゃぎ、探検するスペースを必要としていますから、床の大部分を覆う家具に囲まれた散らかりっぱなしの狭い場所に閉じ込められないようにしてください。

リビングルームがきれいに片づいていれば、大人も恩恵を得ることができます。一日の仕事から帰れば、心身ともにゆったりとくつろげるスペースが必要になるからです。ソファーにたどり着くまでにモノが散らかっているのを目の当たりにし、おまけにそれにつまずくようではうっとうしくてイライラします。しかし、リビングルームがスッキリしていれば、気分が爽快になってリラックスすることができます。

私たちはつねに「防衛体制」を万全にしておかなければなりません。

リビングルームは玄関からほんの数歩先の場所にあり、入ってくるモノがたいてい一旦停止をする最初の場所です。(実際、そこにずっととどまるモノもあります。)侵入してくるモノには警戒を怠らないようにしてください。

玄関先のあの箱には何が入っているのですか？

ソファーにもたれかかっているジャケットの持ち主は誰ですか？

コーヒーテーブルの上にある書類は古くないでしょうか？

本来そこにないはずのモノを見つけたら、ため息をつくのではなく行動を起こしましょう。**侵入してくるモノはすぐに追い出し、それがリビングルームで一旦停止をしないように気をつけてください。**


コートはクローゼットのハンガーに掛け、靴は靴箱に入れ、手紙は適切に処理し、新しく買ったモノはそれにふさわしい場所にすぐに持っていきましょう。

コーヒーテーブルやサイドテーブルのように散らかりやすい場所にはとくに気をつけてください。

何らかの活動を終えるたびに整理整頓を心がければ、その場所が散らかることはありません。また、掃除をするときは散らかっているモノの周辺をきれいにするのではなく、散らかっているモノを片づけてください。

やっかいなことに、リビングルームは家族の誰かが散らかしたモノに最も遭遇しやすい場所です。もし家族全員がみんなの共有スペースであるリビングルームに敬意を払い、部屋を出るときに自分の所有物を持ち去れば、この問題は解決します。しかし、それまではあなたがきちんと管理し、散らかっているモノを持ち主の元に送り返さなければならないかもしれません。

就寝前には必ずリビングルームをきれいに片づけ、余計なモノが残っていないようにする習慣を身につけてください。この作業はほんの数分しかかかりませんが、大きな違いを生みます。四六時中、部屋が散らかっていることについて小言を言い、きちんと片づけなさいと家族にお説教するより、自らすすんでお手本を示すほうが家族の協力を得るうえではるかに効果的です。

寝室

02

寝室は家中のどの場所より平和で静かな場所でなければなりません。寝室は、あわただしい日常生活から離れて心身を癒すための場所です。したがって、これから重要な作業が待ち受けていますが、それが終われば、休息のための理想的な環境に恵まれます。

一からやり直す

寝室は家中で最も整然とした部屋でなければなりません。

寝室はきわめて重要な役割を担っています。仕事や学業、育児、家事などで疲れた一日のあとで心身をゆっくり休める場所だからです。

少し時間をとって目を閉じ、理想的な寝室を思い描いてみましょう。

まるで雑誌のレイアウトのように細部にいたるまですべて明確にイメージしてください。たとえば、シーツ、掛け布団、毛布の色、枕、照明、床、装飾品、その他の備品、などなど。

それはどんな状態ですか？

整然としていますか？

ロマンチックですか？

豪華ですか？

あなたの個人的なテイストは別として、**ひとつ確実に言えるのは、理想的な寝室はまったく散らかっていないということです。寝室が雑然としていると、心の平和を得ることはできません。**

まず、すべてのモノを寝室の外に出してください。

ただし、寝室は寝る場所ですから、ベッドはそこに置いたままでかまいません。大型衣装だんすやドレッサーのように必要なモノもその場に置いたままにしてください。しかし、しばらくのあいだ、それ以外のすべてのモノを寝室の外に出しましょう。

たとえば、テーブル、椅子、収納ボックス、ランドリーバスケット、植木、ランニングマシン、腹筋台、テレビ、パソコン、ランプ、本、雑誌、花瓶、小物類、などなど。寝室を空っぽにして、すべてのモノを隣の部屋にしばらく移動しましょう。

では、ベッドの上で横になって周囲を見渡してください。

先ほどと比べてかなり変わったのではないでしょうか。こんなにスペースがあるとは思わなかったはずです。今までより広くてゆったりした印象で、平和な気分になり、手足を伸ばして呼吸しやすくなったことでしょう。本来、寝室とはそうあるべきなのです。きっと疲れがとれて爽快になり、元気がみなぎるように感じるはずです。

うれしいことに、心が落ち着く寝室をつくり出すのにインテリアやリフォームは必要ありません。要は、散らかっているモノがなくなりさえすればいいのです。

捨てる、残す、譲る

寝室の中身を「捨てるモノ」「残すモノ」「譲るモノ」の3つに分類しましょう。衣類とアクセサリー類はしばらく放っておいてください。

これについては次項で扱います。当面、それ以外のモノに集中しましょう。

きっと興味深いジレンマに陥ることでしょう。

この3つのどれにも該当しないモノにたびたび出くわすからです。

「捨てるモノ」でもないし、「譲るモノ」として売却や寄贈をしたくもありません。あなたはそれを残したいのですが、寝室で「残すモノ」には該当しません。なぜなら、それは睡眠や衣類とは関係ないからです。

問題は、それがあなたの暮らしにかかわっているのに、寝室にはふさわしくないということです。

残念ながら、寝室は家じゅうにあふれ返っているモノの終着点のようになってしまう傾向があります。生活空間がモノでいっぱいになると、そのあふれ返ったモノが寝室に侵入するからです。

1時間後に来客があるので、リビングルームとダイニングルームをあわてて片づけている様子を想像してください。

クローゼットとたんすの引き出しにモノを詰め込みますが、どうしてもスペースが足りません。そこで、あふれたモノを寝室に放り込んでしまうのです。

少なくとも来客をもてなしているあいだは寝室のドアを閉めて中身が見えないようにすることができます。しかし、「難民」となったモノは往々にしてそこを安住の地にします。

「譲るモノ」を「寝室の外に戻すモノ」と再定義し、寝室にふさわしくないモノを元の場所に戻しましょう。

それには雑誌やローイングマシン、子どものおもちゃ、さらに記念品や思い出品も含まれるかもしれません。それらのモノを定位置に戻しましょう。行き場を失ったモノが寝室を定宿にするのは防がなければなりません。その役割がはっきりせず、どこに置いていいかわからないなら、「譲る」の箱に入れるのがいちばんいいでしょう。

存在理由を明確にする

寝室の主な役割は、寝るためのスペースを提供することです。

したがって、もしそこにあるモノにその存在理由を尋ねたら、休息かリラクゼーションとかかわりのある答えが返ってこなければなりません。そうでないなら退去命令を出す必要があります。

今、ベッドはこの試験に合格すると確信し、自信にあふれています。

小型のテーブルやドレッサーに置いてあるモノは少し不安を感じているようですが、それらは寝室に存在する権利を持っています。

目覚まし時計も合格ですし、メガネやティッシュ、読書中の本も合格です。

花瓶とキャンドルも合格です。これらはロマンチックなムードやリラックスした雰囲気を醸し出してくれるからです。

それ以外のモノも寝室という安らぎのスペースに残す価値があるかもしれませんが、

その数はそんなに多くないはずです。

ただし、「置き場所がほかに見当たらない」というのは、それを寝室に残す理由にはなりません。

寝室にふさわしくないのに、そこに侵入するモノについて説明しましょう。

たとえば、ベッドの周辺に靴下やTシャツが脱ぎ捨ててあるのはロマンチックな光景ではありません。幼い子どものおもちゃも同様です。また、ぬいぐるみの動物があちこちに散らかっているのも好ましくありません。

編み物の道具も問題です。ほかに適切な場所が見つからないときに寝室に居すわることがよくありますが、ベッドで寝ころびながら編み物をするのでないかぎり、編み糸と編み針は寝室の外に戻すべきです。

しかし、編み物が寝る前の活動なら、編み物の道具は箱かバッグに入れてベッドの下に残すといいでしょう。運動用具とパソコンは寝室の外に戻してください。それらは心身を休める活動ではありません。

小物類を正当に扱っていないような印象を受けるかもしれませんが、それは寝室にはあまりふさわしくないように思います。特別なモノは例外として、そんなにたくさんの小物類をドレッサーの周辺に保管する必要があるかどうか検討してください。

寝室は私たちの小さな世界です。このスペースに許可なく侵入する外部の人はいません。

寝室に入ってくるのは、ごく親しい人に限定されます。したがって、私たちは世間の尺度を気にせずにミニマリストのファンタジーに浸ることができます。

私は子どものころ、高級家具がずらりとそろったお姫様のような寝室をあてがわれていました。

上等の天蓋《てんがい》付きベッドに綺麗な花模様の掛け布団、おしゃれなドレッサーだけでなく、大きな本棚があったのを覚えています。ベッドの両脇の数センチを除いて、床一面がほとんど家具で覆われていました。

どの家具もとても豪華でしたが、私は息が詰まるような思いでした。手足を伸ばして自由に動き回るスペースがないことを苦痛に感じていたからです。

十代のある日、寝室の設計を変えさせてほしいと両親に願い出ました。ドレッサーとサイドテーブルを寝室の外に出し、高級ベッドを質素なマットレスと取り替えたところ、8対2だった寝室の家具と床の割合が逆転し、スッキリした気分になりました。

こうして私はミニマリストになったのです！


現在、私と夫の寝室にはマットレスと掛け布団があるだけです。

これがすべての人にとって理想的かどうかは別として、私たち夫婦にはぴったり合っています。ベッドの台がありませんから、サイドテーブルの必要性もありません。

ドレッサーを使うかわりに洗面所で身だしなみを整えています。服はすべてハンガーと収納ケースが付いたクローゼットに保管するようにしています。

家具を必要最小限にすることによって、寝室が広々とした快適な空間になり、あわただしい一日が終わったあとでゆっくり休める場所になりました。


私が力説しているのは、**世間の基準に従って特定の家具を所有する必要はない**ということです。

「寝室には数種類の家具がなければならない」という思い込みにとらわれないでください。

たとえば、すべての人がドレッサーやサイドテーブルを必要としているわけではありません。実際、ベッドにしても、すべての人にとって必要だとはかぎらないのです。寝室の設計について雑誌に書かれていることを無視して、自分が本当に必要としているのは何かをよく考えてください。

寝室にあるモノを最小限に減らし、広々としたスペースを取り戻しましょう。あなたの寝室にサイドテーブルがなくても近所の人たちは絶対に気づきません。

リネン製品を最小化する方法も考えましょう。

寝具は夏物と冬物に分ける必要があるかどうか検討してください。ほとんどの気候では、一年中、綿製品で間に合わせることができるでしょう。

できればオールシーズンで使える掛け布団を選んでください。シーツも必要な分だけに減らしましょう。賢明な選択をすれば、快適さを損なわずにシーツや枕カバー、タオルの数を減らすことができます。

気がつくと寝室には不要なモノがいっぱい

定位置を決める

スッキリした寝室にするためには、そこにあるすべてのモノの定位置を決めなければなりません。

寝室の中がきれいに片づいていると穏やかな気持ちになりますが、散らかっていると気持ちがささくれ立って熟睡の妨げになるおそれがあります。

寝室の中で「よく使うモノ」には目覚まし時計や老眼鏡、クシ、ヘアブラシ、季節の服が含まれます。

もちろん、これらのモノは寝室に散らかっているのではなく定位置を与えられなければなりません。

服はクローゼットやドレッサーの中にしまっておくべきで、床の上に置いたり椅子の背もたれに掛けたりするべきではありません。服を脱いだら、すぐにたたむか吊るすかランドリーバスケットに入れる習慣を身につけましょう。

化粧品は一括して化粧ポーチかメイクボックスに入れ、ベルトやハンドバッグ、宝石のようなアクセサリー類はすべてクローゼットや引き出しの定位置に保管してください。よく使うモノはすぐ手の届く場所に配置しましょう。

寝室で「ときおり使うモノ」とは、リネン製品や季節外れの服です。

しかし、めったに使わない寝具が寝室にあるのはおかしいと言わざるをえません。寝具はローテーションして使うと便利です。

家の中にリネンクローゼットがないなら、余っている寝具のために寝室に収納場所をつくることをおすすめします。ベッドの下にプラスチックの収納ケースを置き、余っているシーツや枕カバー、毛布を保管するといいでしょう。

家の中のどの寝室でも同じようにすれば、家族全員が自分のリネンをすぐに取り出して使えますし、全員のリネンがひとつの棚の上に一緒くたになるのを避けることができます。

リネン類をひとまとめにすると、自分がたくさん持っていることに驚くかもしれません。知らないうちにシーツと毛布はどんどん増えていきます。

なぜなら、新しいモノを頻繁に買うからです。その動機は「寝室の雰囲気を変えたい」「古いモノが汚くなってきた」「もうすぐ来客がある」ですが、すでに持っているモノをほとんど考慮していないのが実情です。

古いモノは「万一に備えて」保管しておくことになりますから、所有物は年々増えていきます。そこでリネン類を収納場所にまとめると、それを選別して適正な量に減らすきっかけになります。

それをさらに一歩進めて、リネン類の数を限定しましょう。

ひとつのベッドにつき2枚のシーツでたいてい十分ですから、洗濯しながらローテーションすればいいのです。

毛布とキルトの場合、気候も要因になります。暖かい地域なら、そんなにたくさんいりません。**一般に、家族（と来客）が使うよりも多くのリネン類を保管する必要はありません**。

「ひとつのモノを入れたら、ひとつのモノを出す」というルールに従い、新しい寝具を入手したら、古い寝具を寄付し、自分の思いやりの精神が他の人に安らぎをもたらしていることに喜びを見いだしましょう。

身づくろいの道具を寝室に保管しているなら、それもひとまとめにすることをおすすめします。

化粧品、クシ、ヘアブラシ、整髪剤を小さなバッグか収納ケースに保管し、使わないときはどこかにしまってください。ふだん化粧のために使っている「秘密兵器」を夫に見せる必要があるでしょうか。

ヘアスプレーやフットスプレー、パウダースプレー、デオドラントをドレッサーの上に置いてロマンチックな雰囲気をぶち壊しにするより、少し謎めいた要素を残しておいたほうが楽しいのです。

ポケットから出てくるモノ、たとえば財布や小銭、定期券、カギのために小さなトレイや箱、引き出しを用意してもいいでしょう。それらをひとまとめにしておくとスッキリしますし、翌朝起きたときに見つけるのがはるかに簡単になります。

日々のメンテナンスを心がける

寝室の中でもっとも重要なベッドについてお話ししましょう。ベッドはいつもきれいでなければなりません。ベッドは健康と安らぎのために不可欠であり、私たちは毎日の少なくとも4分の1をそこで過ごします。したがって、ベッドが本来の目的を果たすように絶えず配慮しなければなりません。

ベッドは機能的なモノですから、おしゃれな装飾用クッションなどは最小限にとどめましょう。毎晩、ベッドに入る前に散らかっているモノを片づけなければならないのは面倒です。

ベッドを整理整頓する手間が省けると楽になりますから、高級ホテルを見習ってシンプルなベッドをめざしましょう。さわやかな白いシーツと枕カバーにふかふかの掛け布団があれば、ミニマリストとして天にも昇る心地になります。

ベッドは機能的なモノだと私が主張しているのは、大人が仕事をしたり子どもが遊んだりするための場所ではないからです。一時的であれ、もしそういう目的でベッドを使っているなら、書類や子どものおもちゃを片づけましょう。

もちろん、気をつけなければならないのはベッドだけではありません。ドレッサーやサイドテーブルなどの家具が多いと要注意です（これは家具を減らす正当な理由です）。本当に必要なモノだけを寝室に置くようにしてください。

さらに、床について説明しましょう。うず高く積まれている本や雑誌、いつの間にかたまっている他のすべてのモノを処分しましょう。

寝る前にそんなにたくさん本を読むでしょうか？　加えて、服がその下敷きになっていないかどうかを確認してください。寝室の床の上に服が散乱しているのは大問題です。それは寝室の雰囲気を悪くしますし、服にとってもいいことではありません。

床の上にモノを置くとしたらベッドの下だけです。ベッドの下は多くの人が好む保管場所ですが、不用品の隠し場所にならないように気をつけてください。

寝室は家の中の他の場所と違って頻繁にモノが出入りする場所ではありませんが、いつもきれいに片づけてモノが散らからないように日々のメンテナンスを心がけてください。

最も大切なのは、毎日欠かさずベッドをきれいに保つことです。

このシンプルな行為はほんの数分しかかかりませんが、寝室を一変させる効果が期待できます。スッキリしたベッドは人生のささやかな贅沢で、あなたは一日の仕事のあとでゆっくりくつろぐことができます。それは寝室をいつも整理整頓しておくという強い動機づけになるでしょう。

ベッドが乱れていると、寝室が散らかっていても平気になってしまいます。それとは対照的に、ベッドがつねにきれいに保たれていると、モノが散乱せずに寝室がスッキリします。

次に大切なのは、寝室の中で服が散らからないように気をつけることです。

長い一日のあとでベッドに倒れ込むときはとくにそうですが、ジャケットやセーター、靴下を脱いだら、片づけずにその場に放っておくことがあるかもしれません。それに気づいたら、すぐに片づけましょう。

最後に、「招かざる客」に気をつけてください。

寝室にはモノがたまに忍び込んできます。

それはたいてい家族の誰かが持ってきたモノです。幼い子どものぬいぐるみや配偶者のテニスラケットが寝室の片隅に置いてあるのを見かけたら、すぐに定位置に戻しましょう。

自分がミステリー小説を読み終えたら、それをベッドの脇に置かず、リビングルームなどの適切な場所に戻してください。目を閉じる前に寝室をきれいに片づけておけば、ぐっすり眠れて爽快な朝を迎えることができます。

03
ワードローブ

今度はクローゼットの中を片づける時間です。

服をたくさん持っているのに、着ていくものがないと感じているなら、ぜひこの項を読んでください。

なぜ衣類を減らすことが時間とお金を節約し、スペースを確保し、ストレスをやわらげ、しかも身なりをよくすることにつながるのかを説明しましょう。

スッキリしたワードローブを持つことは、ミニマリストであることの本当の喜びのひとつです。

一からやり直す

クローゼットをスッキリさせる作業は、けっして面倒なことではありません。それどころか、とても楽しい作業です。

実際、これは私の大好きな作業のひとつで、部屋全体を片づけるより簡単です。家具について悩む必要はありませんし、小物類について考慮する必要もありません。さらに、他の人のモノを扱うわけではありません。

私はこれを「自分の時間」とみなし、ワードローブの中身を吟味しながら、音楽をかけ、ワインを飲み、一人だけのファッションショーを開いていきます。流行遅れの古いモノを捨て、新しい素敵な服を買う計画を立てていると、とても楽しいひとときを過ごせます。最終的にクローゼットにスペースができると気分がウキウキします。

まず、クローゼット、ドレッサー、衣装だんすの中にあるモノをすべて取り出し、ベッドの上に並べてください。奥のほうまでよく調べて、上着やスカート、下着類、靴下、パジャマ、パンティーストッキングを取り出し、ハンドバッグを並べ、すべての引き出しと棚にあるモノ、ハンガーに掛かっているモノをくまなく点検しましょう。

ただし、作業を続ける前に自己分析をしてください。

ミニマリストのワードローブをつくるためには、自分にとってどんなモノが適切かを知る必要があるからです。

自分がめざしているスタイルについて少し考えてみましょう。それは標準的か、豪華か、スポーティーか、アイビー調か、パンクか、ボヘミアンか、ビンテージか、ロマンチックか、モダンか？　好きなのはパステル調か、金ぴかか、大胆な原色か？　自分がいちばんよく見える衣装は、タイトな服か、ゆったりした服か？　どんな素材が最も着心地よく感じるか？

以上の問いに対する答えを念頭に置いて自分の衣類を評価しましょう。自分のスタイルに合わない服は身に着ける機会がなく、クローゼットにいつまでも眠りがちです。

火事や洪水などの災害でワードローブが消失し、最初からつくり直さなければならなくなったと想像しましょう。

手持ち資金はごくわずかなので、利口な選択をしなければなりません。日々の暮らしに不可欠な生活必需品について考えてみましょう。靴下、下着類、1、2本のズボン、2、3着のシャツ、1着のジャケット、1足の靴、1着のセーター、スカート、パンティーストッキング、タイツが必要になります（もちろん、男性なら最後の3つは不要です）。

仕事でも週末でも使えて、気温に応じて重ね着できる服を選ぶはずです。**たった数着でもうまく組み合わせれば、さまざまな服装を楽しむことができます。**このエクササイズは自分にとって最も機能的な衣類を明らかにし、ミニマリストのワードローブをつくるときの基本になります。

捨てる、残す、譲る

クローゼットの中の服をすべて取り出したら、一着ずつ着てみてください。

5年間、パーティードレスやスリーピースのスーツを一度も着ていないのなら、それがまだぴったり合うかどうやってわかるでしょうか。

一つひとつの服を着て鏡の前で一回転しましょう。ハンガーに吊ってある状態でもわかるからといって、実際に着たときに見栄えがするとはかぎりません。逆に、つまらない服に見えても、着てみるとすばらしい場合もあります。

一つひとつの服について決断をくだし、「捨てる」「残す」「譲る」の3つに分類しましょう。もう着なくなった服を入れるために箱かゴミ袋を用意してください。といっても捨てるためではなく、視界から遠ざけるためです。

そうすれば、手放すことにした服の中から回収したくなる誘惑を抑えることができます。決意が揺らいだら、第1章を読み返してください。作業を進めるには、やる気を出すメッセージを思い起こす必要があります。

「捨てる」の箱には、修繕できない（または、修繕したいと思わない）服をすべて入れてください。たとえば、穴のあいたセーターや落ちないシミのついたシャツです。

クローゼットの奥にあって取り出しにくく、サイズが合わないのでもう着られず、人前で着たくないなら、あなたにはもう必要ないという証しです。

だからといって、その服はゴミ処理場に直行する運命ではありません。再利用したりリサイクルしたりすることができればすばらしいことです。ただし、特定の用途を考えている場合だけ、それを保管するようにしてください。

もし使い古された服だけを対象にしているのなら、整理整頓するのは簡単です。しかし、衣類の大半は使い古すよりずっと前の段階で無用の長物になっています。

そこで、**すばらしいけれど、もう自分に合わなくなった衣服は「譲る」の箱に入れましょう。それらの衣服をクローゼットに眠らせておくのではなく、再び日の目を見る機会を与えてください。**

もしまだ値札が付いていて、一度も着ていないなら、返品することができるかもしれません。それができないなら、インターネットか委託販売で売却するか慈善団体に寄付しましょう。

「残す」モノを見極めるために、第2章のステップをたどってください。そうすれば、すぐにミニマリストのワードローブをつくることができます。しかし、ゆっくり進めたいなら、少しの努力でできるテクニックを紹介しましょう。

緑、赤、黄の3種類のリボンを用意し、服を着たあと、素敵な気分になれば緑のリボン、流行遅れに感じたら赤のリボン、迷ったら黄色のリボンをハンガーにくくりつけるのです。

1年後、緑と黄色のリボンのついた服は大切に保管し、赤のリボンのついた服は捨てるか譲るかしましょう。

リボンがついていない服があれば、一度も着ていない証しですから、どうすればいいかわかりますよね。

存在理由を明確にする

衣類が存在する最大の理由は、私たちがそれを着るからです。

自分が持っている衣類の大多数はその基準で判別できるはずですが、なかなかそう簡単にはいきません。

前出の「80対20の法則」によると、私たちは日々の80％で衣類の20％を着ていることになります。

つまり、**驚いたことに、私たちは所有している衣類の大半をあまり着ていないのが実情です。したがって、ワードローブの中身を5分の1に減らしても、不自由することはほとんどありません。**

自分に合う服なら、クローゼットに残しておく十分な理由があります。逆に、自分に合わない服なら、もうそれを着る機会はありません。着る機会がない服なら、残しても意味がないでしょう。

ちなみに、体重別に衣類を保管するのはよくありません。余計な体重を落としたあとで、ご褒美として新しい服を自分に与えましょう（デザートを食べずにジムに通うすばらしい動機づけになるはずです）。

自分を引き立たせてくれる服はワードローブに大歓迎です。

腕をセクシーに見せるには袖の丈はどのくらいが最適か、足を美しく見せるにはスカートの丈はどのくらいが最適かを決めましょう。

また、自分の肌の色にぴったりマッチするのはどの色か、マッチしないのはどの色かを見極めましょう。

ワードローブの中身の基準は流行ではなく自分の身体に合わせてください。

服装を考えるときは、それを着ている姿を写真に撮られてもいいかどうか自問しましょう。もしその答えが「ノー」なら、その服はあなたには必要ありません。

自分のライフスタイルに合う衣服も「残す」対象になります。

特定の衣装が必要になる活動をリストアップしてください。たとえば、仕事、社交、園芸、娯楽、運動、などなど。そして、それに応じて自分の衣装を調べましょう。「ファンタジーに浸るための衣装」にしがみつきたいという誘惑にかられないでください。パーティードレスがたくさんあるクローゼットを持っていても、社交界の花形になるわけではありません。

現実の人生で着る服だけにスペースを割いてください。自分が置かれている状況に応じてワードローブを調整しましょう。現在、もし自宅で働いているなら、ビジネス用のスーツはいりませんし、暖かい気候の地域に移住したなら、分厚い毛皮のコートはいりません。

大金を払ったからという理由だけで服を残しておかないでください。

せっかく買ったカシミアのセーターや有名ブランドのハイヒールを一度も身につけ

ていないのに「譲る」のがつらいことはよくわかります。

たとえ使っていなくても、クローゼットに保管しているかぎり、お金を無駄にしていないと感じることができるでしょう。しかし、あなたにとっては、それを売ってお金をいくらか取り戻すか、慈善団体に寄付したほうがいいのです。

とくに後者の場合、あなたが購入のために払ったお金は崇高な目的で使われます。

要するに、ミニマリストのワードローブは、1970年代にロンドンで生まれた「カプセルワードローブ」と同じです。

つまり、お気に入りの定番アイテムを厳選し、それを組み合わせてさまざまな衣装をつくるという考え方です。

まず、黒、茶色、グレー、紺、クリーム色、カーキ色といったベースカラーを選び、その色に合わせてズボンやスカートなどの衣服を限定します。

私は黒を選びました。主な理由は、それが自分に似合うのと、旅行に便利で、しみを隠してくれるからです。そして、そのプロセスで紺と茶色と黄褐色の服を処分しました。

このやり方はワードローブをスッキリさせるだけでなくアクセサリーを大幅に減ら

すのに役立ちました。さまざまな色の靴やハンドバッグが自分にはもう必要がないことに気づいて感動しました。私のクローゼットにあるすべての衣服が黒の財布や靴とマッチしますから、ごくわずかな衣服でも十分にやっていけるのです。

といっても心配は無用です。このやり方はいつもモノトーンの服装をしなければならないという意味ではありません。アクセントカラーは自由に選べますから、自分に合うと思う色をいくつか選びましょう（私はワインレッド、プラムカラー、青緑、水色を選びました）。シャツやセーターなどを選ぶときは、アクセントカラーにしてください。バラエティーを豊かにするためには、ベースカラーを追加しましょう。私は黒以外にグレーのスカートとズボンを持っています。

次に、汎用性に焦点をあてましょう。

ミニマリストのワードローブにふさわしい服は、さまざまな天候でいろいろな機会に着ることができるものです。

分厚い衣服より重ね着ができる衣服を選びましょう。たとえば、カーディガンやブラウスは分厚いセーターよりはるかに頻繁に着ることができます。

また、飾り立てたシルエットよりシンプルなシルエットを選んでください。たとえば、Vネックのシャツはフリルシャツより簡単にコーディネートできます。

何にでも合わせられるモノを選んでください。たとえば、ベーシックな黒のパンプスはライムグリーンのスティレットヒールよりもずっと汎用性があります。

衣類の数を減らすためには、ドレスアップもドレスダウンもできる服を選んでください。スパンコールのように派手な服やスウェットシャツのようにカジュアルすぎる服は、なるべく避けたほうが無難です。

職場にもディナーにも着ていけるセーターを選びましょう。真珠のネックレスで魅力をひき立てることもできるし、サンダル履きでリラックスすることもできるドレスや、スーツとネクタイにも合うし、ジーンズにも合うシャツが便利です。

少し活気づけたいなら、おしゃれなフランス人を見習ってシックなアクセントになるものを使いましょう。

たとえば、シャープなネクタイやかっこいいベルト、大胆なブレスレットを利用してシンプルな服を盛り立てるのです。

私の経験では、普段着にカラフルなスカーフを加えるだけで、必ず誰かが「素敵な衣装ね」とほめてくれます。これこそがアクセサリーの威力です。ごくありきたりな服装がたちまち斬新なファッションに変貌を遂げるだけでなく、収納スペースをほとんど必要としません。

定位置を決める

自分のすべての衣類をクローゼットやドレッサー、衣装だんす、収納棚に保管しましょう。そのためには、すべてのモノの定位置を決める必要があります。

Tシャツは所定の棚に置き、下着類は所定の引き出しに入れ、コートやスーツ、ドレスは特定の場所に吊っておく、という具合です。

すぐ手が届くところには、靴下や下着、パジャマ、仕事着、普段着、部屋着、運動着を収納してください。それをいつも手の届くところに置いておくことで服を着る時間を節約できますし、片づけるのも簡単になります。

目立たない場所には、めったに使わない服を収納しましょう。

月に1、2回とか年に1、2回といった使用頻度が低い服です。ドレスやフォーマルな服がそれに属します。

めったに着ないのに、なぜ保管するのかというと、結婚式やパーティーなどに招かれたときに、あわてて買いに出かけるよりもすでに準備できているほうが便利だからです。

だからといって、タキシードを3着、イブニングドレスを5着もそろえる必要はありません。そのためのスーツやドレスは1着あれば間に合います。そういう機会はめったにありませんから、同じ服を着て参加しても問題はありません。

さらに、スキーパンツや水着のように季節物の衣装を含むかもしれません。その季節になったらすぐ手が届く場所に移し替えてください。

機能別にまとめる

衣服をグループごとに分類すると、その結果に唖然とすることでしょう。黒いズボンを10本、白いシャツを20着も持っていることに驚くかもしれません。

それらをひとまとめにすると、たくさん持ちすぎていることが一目瞭然になります。

大切なのは、それらをいつもひとまとめにしておき、もっと買いたいという誘惑にかられないように気をつけることです。

スカート、ズボン、ドレス、コートもそれぞれひとまとめにしてください。パジャマ、作業着、セーターを所定の棚に置き、靴下と下着を所定の引き出しに入れておくと便利です。

気が向けば、それぞれのグループを色や季節、種類をもとに分類してもいいでしょう。たとえば、紺のズボン、茶色のブレザー、カーキ色の半ズボンといったふうに分けるのです。

シャツは袖なし、半袖、長袖に分類し、スカートはミニ、ハーフ、ロングに分類することができます。ドレスはカジュアルとフォーマルに分類し、スーツは夏物と冬物に分類することができます。分類の基準が明確なら、自分が何を持っているかを把握するのがたやすくなります。

アクセサリーについても同じくらい明確に分類しましょう。

小さいからといって粗末に扱うのはよくありません。スカーフをひとまとめにして季節ごとに分類しましょう。宝石類をひとまとめにし、それをイヤリング、ネックレス、ブローチ、指輪、ブレスレットに分類しましょう。ハンドバッグをひとまとめにし、それを色、季節、機能に基づいて分類しましょう。

いったんすべてのモノをグループ分けしたら、いよいよ選別する時間です。

ひとつのグループにあまりにもたくさんのモノを持っていることに気づいたら、自分に最も似合うモノだけを残してください。

結局、あなたはそれしか身につけないでしょう。

同じモノをいくつか持っておきたいと思う気持ちはわかります。たった1枚のシャツや1本のズボンでやっていける人はほとんどいません。仏教の僧侶ですらたいてい2着の袈裟《けさ》を持っています。

しかし、同じようなモノをたくさん持ちすぎていて、その大半を着ていないなら問題です。自分が最も気に入っているモノを選んで、それ以外は処分しましょう。

最後に、自分が身につけるモノをすべてきちんと収納しましょう。

だからといって、急いで収納ケースを20個ほど買い込まなければならないというわけではありません。所定の棚の上や引き出しの中、クローゼットの定位置に保管しさえすればいいのです。

ただし、小物は入れ物の中に入れると最も簡単に収納できます。たとえば、パンティーストッキングやスカーフ、時計、宝石類にはトレイや箱、バスケットを使うといいでしょう。そうすれば整理整頓できて、それぞれのモノがどんどんたまるのを防ぐことができます。

上限を設定する

現代のような大量生産の時代には、衣服は安い値段ですぐ手に入りますから、買い物好きの人はそれを大量に買って持ち帰っています。

ファッションは絶えず変化しますから、今シーズンは流行っていても来シーズンは流行遅れになり、新しい必須アイテムにとってかわられます。

3世代前の人々は新しいモノを1年間にほんの少し入手する程度でしたが、現代人はほしいモノを年がら年中いくらでも買っているというのが実態です。なるほど、クローゼットがモノであふれ返っているのも不思議ではありません。

ミニマリストのワードローブには上限を設定することが非常に重要になってきます。

それによって衣服とアクセサリーを管理できる数量に抑えることができます。衣類は既存の収納スペースに限定し、衣服がクローゼットからあふれ出して部屋の中にたまらないようにしてください。

もっといいのは、クローゼットに衣類をいっぱい詰め込まず、一部の衣類を処分してゆとりのある状態にすることです。

衣類をクローゼットから引っ張り出したり引き出しの中に押し込んだりするのは、衣類にとってよくありませんし、あなたはストレスがたまるばかりです。それを念頭に置いて、衣類を既存の収納スペースに収まるようにしてください。

あなたがどのくらいの数のシャツやズボンを所有すべきか私にはわかりません。それはあなたが決めることです。

私が海外に移住したとき、手荷物に4本のズボンしか入れることができませんでした。5着のスカートを吊るせるハンガーを買ったとき、スカートの数は5着にとどめることにしました。コートは1着にし、靴下と下着は10日分にとどめています。

もちろん、あなたの限度は私の限度とは違うでしょうし、自分が置かれている状況にもよります。一定数のアイテムからどれだけ多くの衣装をこしらえることができるかを楽しみながら検証してください。これは創造性を発揮して自分のスタイルを確立するすばらしい機会です。

ひとつ入れたら、ひとつ出す

ファッションの変化は服が古くなるより速いですから、季節ごとに新しい服を買うと、クローゼットはすぐにいっぱいになります。したがって、ワードローブを刷新するたびに、気に入らなくなった古い服を処分しなければなりません。

「ひとつのモノを入れたら、ひとつのモノを出す」というルールを適用し、**同じグループの中で新しいモノと古いモノを取り換えましょう。**

1足の新しいスニーカーを買ったら1足の古いスニーカーを処分し、1着の新しいドレスを買ったら1着の古いドレスを処分し、1着の新しいスーツを買ったら1着の古いスーツを処分する、という具合です。

あなたのワードローブは過去のファッションをいつまでも飾っておく古臭い保管場所ではなく、絶えず進化し続ける最新のコレクションです。

もし古い服がすばらしくて処分したくないなら、新しい服が本当に必要なのかどうか自問してください。

そんなにすばらしい服をすでに持っているなら、何のために新しい服をワードローブに加えるのでしょうか。

流行についていかなければならないという強迫観念にさいなまれる必要はありません。これはあなたが一生懸命に稼いだお金を使わせるためのマーケティング戦略にすぎないのです。

シーズンごとに「人気アイテム」を買うのではなく、定番アイテムに投資しましょう。そうすれば、あなたの預金残高は増え、クローゼットはスッキリし、処分すべき服はずっと少なくなります。

日々のメンテナンスを心がける

クローゼットをきれいに片づけ、少しの服で優雅に装う方法を学んできました。その成果を祝いましょう。今後は二度と混沌とした状況に陥らないように次のことに気をつけなければなりません。

第一に、クローゼットの中を整理整頓しましょう。

衣服を脱いだらすぐに吊るすか折りたたむか大型バスケットに入れてください。モノを適切な場所に収納することによって、自分の所有物をつねに把握し、うっかり余計なモノを買わないようにすることができます。ラック棚やハンガーラックを使ってクローゼットの床をスッキリした状態に保ちましょう。

そうすることによって不用品がたまらず、衣類をよりよい状態で保管することができます。就職の面接やファーストデートのための大切な服を選ぶとき、クローゼットの床に落ちているブラウスやブレザーを拾い上げたくはないでしょうから。

第二に、自分の衣類を大切にしましょう。

好きな服が汚れていたり傷んでいたりするのは残念なことです。損傷を防ぐために気をつけましょう。

たとえば、雨の日は革のコートを着ないとか子どものサッカー観戦のときは白いズボンをはかないといったことです。少し気をつけるだけでずいぶん違います。

小さなほころびが大きくならないよう早めに修繕し、しみがとれなくなる前に迅速に対処しましょう。衣服に愛情を注げば、替えを用意する必要性がなくなります。

第三に、小売店にはなるべく近づかないことです。

楽しむためとか気を紛らわすために買い物をしないようにしてください。そんなことをするから面倒なことになるのです。

どういう意味かわかりますよね。デパートをぶらついていると、かわいいドレスが目につき、あなたはそれを買って持ち帰ります。しかも、それに合う靴やハンドバッグ、イヤリングも途中で買って。

こんな誘惑を避けるために、何かを絶対に必要としているのでないかぎり、デパートに行く（または小売店のウェブサイトを見る）のは避けたほうが無難です。

自分が持っている衣類をすべて紙に書き、買い物に行くときはそれを携えましょう。シャツを23枚も持っているのなら、24枚目を買う必要はないはずです。

最後に、季節の変わり目に衣類を処分しましょう。

春と秋がワードローブを再検証する最適の時期です。冬に備えてコートやセーターを引っ張り出すときは、時間をとって検討しましょう。

私たちの好みや身体は変化しますし、流行も変化します。去年まで大好きだったジャケットが急に古く感じられて魅力的に見えなくなったり、ジーンズのサイズが最後にはいたときより小さくなったりするかもしれません。もう着ることはないと思ったら、その服をあっさり処分し、クローゼットをスッキリさせて新しい季節を迎えましょう。

04 キッチンとダイニングルーム

家の中で最も機能的な部屋を選ぶように言われたら、多くの人はキッチンと答えるでしょう。そこは生きていくのに不可欠な食料を保存・準備・調理する場所ですし、ダイニングキッチンの場合、家族が集まって食事をする場所でもあります。

私たちの生活で重要な役割を担っているのですから、キッチンにたくさんのモノがあるのは当然です。しかし、モノが多すぎるとキッチンの機能が低下し、そこで作業をするのが不快になります。そこで、どうすればモノを減らし、この空間をスッキリさせることができるかを考えてみましょう。

一からやり直す

ショールームのキッチンを見学して（またはインテリアの雑誌のページを眺めて）、できることなら自宅のキッチンと取り換えたいと思ったことはありませんか？

こんなに美しくて機能的な環境で作業することができたらどんなにすばらしいことかと思ったことはありませんか？

たいていの場合、私たちがショールームのキッチンに魅力を感じる要因は、そこに陳列されている高級なキッチン用品や調理台、戸棚ではなく、そのスッキリしたスペースです。

ショールームのキッチンはいつもきれいで、まったく散らかっておらず、キッチン用品は少ししか置いてありません。だからこそ魅力的で大勢の人を呼び寄せるのです。うれしいことに、自宅のキッチンを同じようにするのに大金は必要ありません。不用品を処分して整理整頓するだけで、見違えるほどの変貌を遂げます。

手始めに、すべての引き出し、戸棚、食器棚、食器だんすの中身をすべて取り出しましょう。

「どうせ元に戻すのだから」という理由でモノをその場に残したままにしないでください。そこが空っぽになるまで中のモノを全部取り出しましょう。たとえば、すべてのお皿、コーヒー茶碗、ガラス食器、フォーク、スプーン、ナイフ、鍋、フライパン、電気器具、ガス器具、食料品、アルミホイル、持ち帰り用の容器、などなど。

その目的は、捨てたり譲ったりするモノを選別することではなく、残すモノを選別することです。

いったんすべてのモノを取り出したら、それを一つひとつ徹底的に検証し、たいへんよくて、たいへん役に立って、たいへん重要なモノだけを元の場所に戻してください。

雑誌の特集で見た夢のキッチンに必要品を装備するような気持ちで作業をしましょう。自宅のキッチンはそれにふさわしい場所です。

中身を検証する作業が効果的かどうか疑っているかもしれませんが、この方法は大きな恩恵をもたらします。戸棚、食器棚、食器だんすをきれいにする絶好の機会だからです。

ふだん料理をしていると、キッチンは油汚れで不潔になります。

それらの拭き掃除をしたのはいつですか？

私たちは表面をピカピカにするのは得意ですが、戸棚や食器棚、食器だんすの中をきれいにするのを怠りがちです。不用品を処分しながら、戸棚や食器棚、食器だんすの汚れもついでに取り除いてください。そうすることによって新しいスタートを切ることができます。

捨てる、残す、譲る

キッチンをきれいにしながら、「捨てる」の箱に入れるべきものがたくさん見つかることでしょう。もし最近、食料品室を整理整頓していないなら、食料品の多くを捨てなければならないかもしれません。

すべてのモノの賞味期限をチェックし、期限切れのモノをすべて捨ててください。

調味料や香辛料にも賞味期限がありますから、それも見落とさずに点検しましょう。

どのくらい前からあるのかわからないようなモノがあれば、それを捨てて、必要なら新しいモノと取り換えてください。

キッチンにはそれ以外にも不用品が潜んでいるかもしれません。

たとえば、欠けたお皿、ひび割れしたグラス、曲がった銀食器、などなど。食事は命をはぐくむ大切な行為ですから、それにふさわしい食器を使うべきです。

破損している食器を予備としてため込んでおくのではなく、それを捨てましょう。もしそれを修繕する努力をまだしていないなら、それがなくても生活できることは明らかです。

「譲る」の箱にはあなた以外の人にとって役に立つモノをすべて入れてください。

私たちは何らかの理由でふだん使うよりもはるかに多くのキッチン用品をため込む傾向があります。その一部は結婚や新築祝いのギフトとして、他のモノは衝動買いの産物として日常生活に入ってきます。

たしかに購入したときには実用性があるように見えたかもしれませんが、手間がかかることがわかったモノもあるでしょう。

ふだんパスタメーカーやアイスクリームメーカーを使わないなら、そして、もし手入れが面倒だという理由でフードプロセッサーを使っていないなら、この機会に誰かに譲りましょう。それらを分類するときは自分に正直になることが大切です。

「譲る」の箱には食料品も入れることを忘れないでください。

私たちの食べ物のニーズは時間とともに変化しますから、食料品を買い込んでも途中でいらなくなることがあります。

たとえば、トマトスープをつくるためにトマト缶をたくさん買っても、しばらくして飽きるかもしれませんし、缶詰の食料品より新鮮なフルーツを食べたいと思うようになるかもしれません。

そんなときは残念がらずに善行を施す絶好の機会とみなしましょう。不要な缶詰や袋詰めの食料品を寄付できる先はインターネットで探してください。そうすることによって、お腹を空かしている人たちを救うことができます。

いつか必要になると思って、キッチン用品を処分できずに悩んでしまうかもしれません。実際、それを処分した日に必要になることもあります。もしそうなら、一時的に保留するための箱を用意し、ふだん使わないけれど、いつか使うかもしれないモノを入れましょう。

たとえば、パン焼き機、マフィン型、ケーキデコレーションの道具などです。そしてその箱に日付を記入し、半年とか1年のように一定の期間が過ぎても取り出さなかったモノを寄付しましょう。

これは保留しているモノに対処する効果的な方法です。必要なら箱の中にありますし、そんなに場所をとりません。しかも、それがない暮らしをしばらく経験することができますから、なくても生活に支障をきたさないことがわかるかもしれません。

存在理由を明確にする

キッチンはモノと対話をするためのうってつけの場所です。

ずっと長いあいだ物陰に潜んでいたモノについて、あなたはよく覚えていないかもしれません。再会を果たすための絶好の機会ですから、お互いにとって有意義な関係を築いてください。

「あなたは何で、どんなことをするの?」と尋ねる必要はないかもしれませんが、どんな役割を果たしているかまったくわからないこともあります。

最近ではありとあらゆる作業に対してキッチン用品が出回っています。たとえば、かつて必要だと考えて買ったパイナップルの芯抜きやペストリーのホイールカッターが、2、3年後にそれが何なのかがわからない、というようなことはありませんか？

その場合、あいまいなまま放置しておくのはよくありません。

それがどんな役割を果たすのか把握していないなら、それはキッチンに不可欠ではないことは明らかですから、それを必要としている人の家に送ってあげるといいでしょう。料理好きの友人にとって、きっと役に立つ贈り物になるはずです。

「あなたをどれくらいの頻度で使っているのかしら？」

これはすばらしい質問です。

「毎日」とか「週に1回」と答えるなら、それは食器棚に戻しましょう。ただし、年に1回しか使わないからといって、それを処分しなければならないわけではありません。場合によっては残しておいてもいいでしょう。

年に1回も使わないモノについては、一定の場所を占有するだけの価値が本当にあるかどうかを少し考えてみる必要があります。

「あなたは私の生活をより快適にしてくれているかしら？」

たしかにコンロを使って鍋で炊飯したりお湯を沸かしたりすることはできますが、炊飯器と電気ポットは私の生活を快適にしてくれますからキッチンに配備する価値があります。一方、私がカプチーノメーカーを手放したのは、後片づけがけっこう面倒なので、カフェに行ったほうが快適だと感じたからです。もし準備・使用・後片づけが面倒で、しかもそれで得られる恩恵がたいしたことがないと思うなら、手放すことを検討しましょう。

「あなたには似た兄弟がいるかしら?」

キッチン用品は同じようなモノがどんどん増えていきます。しかし、並外れて器用な人でないかぎり、一度に複数のジャガイモの皮むきや缶切りは使えません。

さらに、ひとつが壊れても、すぐに同じモノを入手できますから、同じモノを処分して、より役に立つモノのためにスペースを空けておきましょう。

「あなたはすばらしすぎて使いづらくないかしら?」

これは予期せぬ質問でしょう。引き出物の食器や形見の銀食器は何十年も食器棚の奥にしまい込んだままで、日の目を見ることはめったにありません。

私たちは感傷的になってそれらを処分する気になれず、かといって破損するのを恐れて使おうとしないのが実情です。

しかし、思い切ってデコレーションとして飾ったり、配偶者とのロマンチックなディナーのために使ったりすると、意外と使い勝手がいいことに気づくでしょう。


ミニマリストのキッチンの中身のリストを紹介したいのですが、残念ながらそれはあまり意味がありません。何が必要かは人によって違うからです。

一部の人は特殊なキッチン用品が不可欠だと思っているでしょう。とはいえ、料理の本や雑誌で紹介されているほど多種多様なキッチン用品がなくても、ほとんどの人は十分にやっていくことができます。

私たち夫婦はたった4つの調理器具で好きな料理をすべて準備できることに気づきました。すなわち、フライパン、シチュー鍋、パスタポット、焼き型です。

それに加えて家庭用電気器具として電子レンジ、電気ポット、炊飯器、フレンチプレス（コーヒーメーカーの代用品）を使っています。

さらに、包丁、パン切り包丁、果物ナイフ、水切り器、蒸し器、まな板、計量カップ、へら、取り分け用のスプーン、泡立て器、缶切り、栓抜き、チーズおろし器、ステンレスのこね鉢、水こし器も使っています。

これだけでは不十分だと思う人もいる一方で、これでは多すぎると思う人もいるでしょう。しかし、私たち夫婦にとっては、これで十分です。

どれだけモノがあれば十分かは、あなたが決めることです。自分のニーズに合わせて調理器具を厳選してください。

そのためには単機能製品より多機能製品を選ぶことが大切です。

頻繁に使わないかぎり、サクランボの種取り器やメロンの果肉のくり抜き器、ベーグルの薄切り器、ピッツェルメーカー、ロブスターばさみ、イチゴのへた取り器、クレープメーカーのようなモノは汎用性がなく、食器棚のスペースを占有するほどの価値はないと言わざるをえません。

したがって、そういう特殊な道具を所有するより、さまざまな機能を果たすシンプルな道具を使いましょう。同様に、さまざまなサイズのフライパンや鍋をそろえる必要もありません。一般的なサイズのモノがひとつかふたつあれば十分です。

さらに、**食器類もいろいろな大きさや形状のモノ（たとえば、ゆで卵を乗せるカップや握りずしを乗せる小さなお皿）をそろえるのではなく、多目的に使える汎用性のあるお皿を選びましょう。**

たとえば、「上等」の陶器と「日常用」の陶器を区別するのではなく、あらゆる機会に使う陶器を使用すると便利です。

さらに、ガラス食器の数も減らしましょう。飲食店を経営しているのでないかぎり、ワイングラス、シャンパングラス、ウイスキーグラス、ビールグラス、マティーニグラス、ウォーターグラス、ジュースグラスのように液体の種類別にグラスを用意する必要はありません。

ふだん私はコーヒーと紅茶を除くすべての飲み物にシンプルなグラスを使っています。はっきり言って、取っ手の付いていないシンプルなグラスのほうがワイン用のひょろ長いグラスやシャンパン用の脚付きグラスよりも気に入っています。

キッチンをスッキリさせるとき、一部の文化圏では多種多様な料理がシンプルな道具で準備されていることを思い出してください。

満足できるおいしい料理をつくるのは、調理器具ではなく私たちの創造性です。言い換えると、おいしい料理を生み出すのは、すばらしい食器類ではなく私たちの手と心だということです。

仏教の僧侶の教えによると、たったひとつのシンプルな器でも食事を堪能することができます。

定位置を決める

キッチンの整理整頓をするためには、準備、調理、食事、後片づけ、ゴミ出しのような作業をどこでおこない、使用した道具をどこに収納するかを決めてください。たとえば、包丁は調理台の近くに、鍋はコンロの近くに、台所用洗剤はシンクの近くに置いてください。

この調子で、すべてのモノの定位置を決めましょう。

お皿は食器棚にきちんと積み重ね、コップとグラスは食器棚にコーラス隊のように整然と並べ、フォークやナイフ、スプーンなどの食器類は引き出しに入れ、鍋やフライパンなどの調理器具はすべて所定の場所に置いてください。

できれば、家族への確認のために「パスタ鍋」「シチュー鍋」「シリアルボウル」と書かれたラベルを所定の場所に貼っておくといいでしょう。

さまざまなモノを「よく使うモノ」「ときおり使うモノ」「ストックしておくモノ」に割り当ててください。


「よく使うモノ」にはお皿やスプーン、フォーク、ナイフ、コップ、グラスなどの食器類、鍋やフライパンなどの調理器具、電子レンジなどのキッチン家電が含まれます。それらのモノに最も手が届きやすい収納場所を割り当ててください。

たとえば、コーヒーマグをとるのに脚立《きゃたつ》に乗らなければならないとか、皮むきナイフをとるのにキッチンのいちばん向こう側まで行かなければならないのは不便です。


「ときおり使うモノ」とは週に1回も使わないけれど、1年に何度か使うモノで、アッパーキャビネットや下の引き出し、奥の空きスペースに収納してください。それにはケーキ焼き型、ワッフル焼き型、ビスケット焼き型、保温調理鍋などが含まれます。

「ストックしておくモノ」にはデザート皿や、醤油皿などが含まれます。それをキッチンかダイニングルームのいちばん上か下、あるいは端っこに保管してください。しかし、「ストックしておくモノ」に分類できるからといって、そうしなければならないというわけではありません。それが本当に必要でないなら、ためらわずに処分してください。

機能別にまとめる

機能別にグループ分けすると、キッチンではとくに役立ちます。似たモノや余分なモノがたくさんあるからです。

機能別に分ければ、何らかのモノが時間の経過とともにどんどんたまることがよくわかります。

「4人家族なのにどうして18個もコップがあるのかしら？」

「お箸を20膳も使うのかしら？」

「肉用温度計が2つ、栓抜きが3つ、シナモンの瓶が4つも必要かしら？」

と自問するきっかけになります。

それらのモノを減らすことは簡単です。少なくともひとつを残せば、その他のモノを処分することに悩む必要はありません。そうすることによってキャビネットや引き出しにゆとりが生まれ、料理をしているときに必要なモノを見つけるのがずっと簡単になります。

この作業を通じて多くの人は食器類が多すぎることに気づきます。新しいモノを入手しても、古いモノはめったに処分しないからです。その古いモノはまだ機能しています(しかし、必要がなくても目移りして新しいモノと取り換えます)し、「万一必要になったときのために」それをキャビネットの中にしまい込みます。あるいは、新しいモノをギフトとして受け取り、それを使わざるをえないと感じるのかもしれません。

いずれにしろ、家族の人数に応じてお皿やコップ、グラス、ボウル、台所用品に上限を設定することを検討しましょう。

もし4人家族なら、16人分も所有してキャビネットを散らかす必要があるでしょうか。最も新しいモノ、最もすばらしいモノ、最も美しいモノだけを選んで、それ以外のモノは処分しましょう。

きっとあなたは「来客があったときはどうするの？」と尋ねるでしょう。

当然、食器類を選別するときは来客があったときのことを考慮する必要があります。もてなすことができるお客さんの数を最大限に見積もり、その人たち全員に行き渡る食器類を確保してください。

それでも不要な食器類を処分することに抵抗を感じるなら、キャビネットにあるモノをつねに必要としている食器類に限定し、残りは必要になるまで「ストックしておくモノ」に分類するといいでしょう。

キッチン家電を頻繁に使うモノに限定し、新しいモノに取り換えるときは古いモノを処分しましょう。もう使わなくなった昔のトースターやミキサー、コーヒーメーカーで食器棚を散らかすのはよくありません。若い夫婦や大学生はそれをほしがっているかもしれません。

さらに、たくさんあるプラスチックの容器も減らしてください。

たしかにそれらは役に立つ可能性がありますが、すぐにたまってしまいます。いくつかを保管して、残りをリサイクルしましょう。

残念ながら、キッチンには必ずと言っていいほど雑多なモノを寄せ集めた引き出しがあります。

そこにはケチャップの容器、電池、キャンドル、ワイヤーリボン、ティーライト、ミシン針、ハサミ、プラスチックの家庭用品といった、小さすぎたり少なすぎたりするモノや他のどこにも該当しないモノが保管されています。

これらの「雑多なモノの寄せ集め」にはどう対処すればいいのでしょうか？　一つひとつのモノを見極め、「役に立つモノのグループ」をつくればいいのです。同じ引き出しでもネーミングしだいで新しく生まれ変わりますね。

関連したモノをジップロック式の袋か仕切られた区画に収納してください。

すべてのモノがきちんと分類されて収納されていれば、「雑多なモノの寄せ集め」と呼ぶ必要はもうありません。

最後に、料理本について説明しましょう。料理本は歳月の経過とともにどんどんたまっていきます。新しい本を入手したあとで古い本を処分することはめったにないからです。

レシピが多すぎて1年間かかってもすべて料理できないほどなので、料理本をすべて残すのではなく、よりよい料理本を厳選して、そうでない料理本を処分しましょう。自分の好みの変化に合わせるように料理本を変えていくことがポイントです。

日々のメンテナンスを心がける

キッチンとダイニングルームは頻繁に使う場所なので、日々のメンテナンスだけでなく一日中メンテナンスをする必要があります。

気をつけて管理しないと数時間で混乱状態に陥りかねません。汚れたお皿や鍋、フライパンがシンクにたまり、食べ物や道具、包装紙が調理台の上にたまり、新聞や雑誌、請求書がテーブルの上にたまり、おもちゃやバックパック、買い物袋が床の上にたまり、食べ残しが冷蔵庫の中にたまります。

一般に、家族の人数が多ければ、キッチンとダイニングルームにたまるモノの量も多くなります。

やがて散らかりすぎて、料理をする（または食べる）ことすらできなくなるかもしれません。洗ったり切ったりするスペースがなければ、冷凍食品を電子レンジで解凍したり、持ち帰り用の食品を買いに出かけたりすることになるでしょう。

ヘルシーな家庭料理を楽しむために、キッチンとダイニングルームの水平面はつねにスッキリさせておく必要があります。

できればナイフやその他の食器と香辛料を入れるラックと、果物と野菜を入れるバスケットを用意してください。

電子レンジやオーブントースター、コーヒーメーカーなどのキッチン家電を上部キャビネットの下にまとめて配置すれば、貴重なスペースを開放することができます。

キッチンを魅力的で機能的にするためには、派手さを抑えて地味でこぎれいにすることが大切です。私はお約束します。調理台の上を整理整頓するだけで意欲がわき、料理の腕を発揮したくなるはずです。

さらに、毎食後に食器をきれいな状態にしましょう。

調理器具は使い終わったらすぐに片づけてください。食べ終わったらテーブルをきれいにし、調理台に食べ物や調理器具が残っていないようにしましょう。

お皿は使い終わったらすぐに洗うか自動皿洗い機に入れてください。次の食事を準備するときに片づけるよりも毎食後の数分間できれいにしたほうが効率的です。なぜなら、汚れたお皿が積み重なっていると、調理する意欲が萎えてしまうからです。次のルールを実行してみましょう。シンクにお皿が残っている状態でキッチンを立ち去らないこと（少なくとも、お皿がシンクにある状態で就寝しないこと）。

毎日、新鮮な気持ちで一日のスタートを切るのはすばらしいことですが、毎食後に新鮮な気持ちになるのはもっとすばらしいことです。

ダイニングキッチンは昔から家の中心と考えられてきました。

家族が集まって質の高い時間を共有する場所だからです。しかし、人の出入りが多いからこそ散らかりやすいのも事実です。

おもちゃや本、新聞、手紙を持ち込むなら、部屋を出るときに持って出るようにしましょう。もしそうしていない人がいたら、気づいた人が注意をするというルールにしてもいいかもしれません。

床にも気をつけてください。床の上に何かが置いてあると、重たい鍋や熱い液体を運んでいるときにトラブルが発生しかねません。

最後に、ダイニングキッチンは1日に1つ何かを処分できる便利な場所です。たとえば、昨日の食べ残しや先週の新聞、などなど。期限切れの食品（または食べたくない食品）がないかどうかを見極めるために、冷蔵庫や冷凍庫、食器室の棚を定期的に調べる習慣を身につけてください。

腐った食品や余分なコーヒーマグ、不要な家庭用品、他の食器と不釣り合いなお皿、めったに使わない道具など、毎日少なくとも1つのモノを処分すれば、この部屋が日に日に広々としてくることに気づくでしょう。

05 浴室

これまで学んだミニマリストのテクニックを使って浴室を美しくしてみましょう。この部屋は家の中でたいてい最も狭く、収納されているモノが最も少ないので、リビングルームやキッチンと比較すると、たやすく整理整頓することができます。ほんの少しの努力とシンプルな習慣で、心が落ち着くスペースをつくり出すことができます。

一からやり直す

これまで整理整頓してきた他の部屋では、たいてい作業を細分化する必要がありました。しかし、浴室は非常に狭いので、作業が簡単です。一気に片づけることもできるでしょう。

ただし、他の部屋の数分の一のスペースしかありませんが、かえって整理して活用する方法に気をつけなければなりません。

私たちの課題は、どれだけ多くのモノを浴室に詰め込むかではなく、浴室に本当に必要なモノはどれだけ少ないかを見極めることです。


まず、目を閉じて理想的な浴室を思い描いてください。

ヘアスプレーのボトルやマスカラの容器が雑然と置かれていたり、タオルが積まれたりしていないスッキリした洗面所をイメージしましょう。

散らかっていないきれいな床、ピカピカの浴槽とそのそばにシャンプーやリンスがきちんと並べられている様子を想像してください。

引き出しや戸棚を開くと、洗面用品が整理整頓されていることに感動するはずです。散らかっているモノや場違いなモノ、ぎゅうぎゅうに詰まっているモノはひとつも見当たりません。こんなに穏やかな気分でくつろげるスペースなら一日中でも過ごせそうですね。

では、そろそろ現実に戻りましょう。

いちばんいいのは、その想像を現実にすることです。他の部屋と同様、引き出しや棚、キャビネットの中身を空っぽにすることから始めましょう。

石鹸、シャンプー、ひげそりクリーム、かみそり、容器をすべて浴室から取り出し、検証するためにどこかに置いてください。

ふだん置いてある場所から移動して冷静に眺めると、分類する作業はずっと簡単になります。

捨てる、残す、譲る

モノを「捨てる」「残す」「譲る」に分類するとき、日常の生活動作を再現してください。実際に歯を磨いているふりをしながら、歯ブラシと歯磨き粉を「残す」の箱に入れましょう。

実際に顔を洗っているふりをしながら、クレンジングクリームとタオルを「残す」の箱に入れましょう。

実際にひげをそり、化粧をし、髪の毛を整えているふりをしながら、ひげそりと化粧品と整髪料を「残す」の箱に入れましょう。

このエクササイズは自分が毎日どの製品を使っているかを正確に把握し、浴室にあるべきモノを見極めるのに役立ちます。

また、自分が使っていないモノを明らかにし、なぜそれを残しているのかを疑問視するのにも役立ちます。

期限切れのモノは「捨てる」の箱に入れましょう。

たとえば、ふだんあまり使っていない化粧品は、使い切る前に期限切れになっている可能性があります。

化粧品には消費期限の日付が記載されていることはあまりありませんが、実際には消費期限があります。クリームと液体、とくに目の周りに使うモノの消費期限は3か月から半年、ほお紅や口紅、ファンデーションの消費期限はたいてい1年です。

それらが劣化する原因は、湿気がバクテリアを繁殖させることです。古いモノを使っていると、肌荒れや感染症を引き起こすおそれがあります。

古い医薬品を捨てるときも同じように気をつけてください。

大半の医薬品は消費期限がラベルや添付文書に記載されています。個別の医薬品については医師か薬剤師に相談してください。医薬品は消費期限が来たら責任を持って捨てましょう。ただし、消費期限が過ぎた医薬品をゴミ箱に捨てたり（子どもや動物が誤飲するおそれがある）、トイレに流したり（水源を汚染するおそれがある）しないでください。それは薬局に戻して適切に処分してもらいましょう。

存在理由を明確にする

浴室に何らかのモノを残しておく一番の理由は、それを実際に使っているからです。逆に、浴室のモノを処分する一番の理由は、それを実際に使っていないからです。分類するとき、この半年で一度も使っていないモノは思い切って処分しましょう。それを残す十分な理由がないかぎり、ためらうことなく処分してキャビネットのスペースを空けておくのです。もしそれが消耗品なら、いずれにしろ消費期限が近づいているかもしれません。

浴室に何らかのモノを残しておく第二の理由は、それが役に立つからです。意味はわかりますね。たとえば、くせ毛を治してくれるシャンプー、しわを隠してくれるクリーム、ムードを盛り上げてくれるアイシャドー。

一方、モノを処分する第二の理由は、役に立たないからです。

たとえば、皮膚に悪影響を及ぼす加湿器。そのために大金を払ったからといって、それを残しておいたり無理やり使ったりしなければならないわけではありません。

最後に、モノを浴室に迎え入れるもうひとつの好ましくない理由について考えてみましょう。それは「タダだったから」です。このカテゴリーには郵便受けに入っていたサンプル、化粧品売り場でもらった景品、滞在先のホテルから持ち帰った石鹸とシャンプーの小さなボトルが含まれます。

それらの化粧用品や洗面用品は素敵に見えるかもしれませんが、使わないなら、素敵に見えるだけのガラクタにすぎません。本当に使う気がないなら、持ち帰って浴室に迎え入れないでください。

スッキリした浴室をつくるためには、美容のための作業を減らすと効果的です。

凝ったことをすると時間がかかります。たとえば、アンチエイジングの数種類のクリームを使ったり、週に何度も泥パックをしたりするのがそうです。

髪の毛をカールし、ストレートにし、ムースをつけ、ヘアジェルを使い、逆毛を立て、くしゃくしゃにし、スプレーをするのもそうです。

さらに頬骨を目立たせ、まつ毛を長く見せるなど、私たちはあの手この手で欠点を隠そうとやっきになります。やれやれ、朝の準備はとても骨の折れる作業ですね。

自分が毎朝の日課にしている準備を検証し、省略すべき作業を見つけましょう。

現在の半分の作業でも同じくらい綺麗に見えるはずです。スキンケアを石鹸で洗顔するだけにすれば、クレンザーや化粧水は不要になります。優雅に年齢を重ねる決意をすれば、リンクルクリームは不要になります。

化粧を最小限にし、髪形をシンプルにすれば、多くの化粧品を処分することができます。

美しさは化粧品のボトルではなく内面に由来します。適度な運動や健康的な食生活、十分な水分補給、熟睡のように美しさを自然に引き出す方法を実行しましょう。

さらに減らすためには、多目的の製品を選んでください。

シャンプーとリンスが一体化した洗髪料、髪も体も洗える洗浄料、日焼け止めを配合したモイスチャライザーのように2つの機能を合わせたものがおすすめです。

また、重曹は歯磨きや手のクレンジング、足洗い、頭皮のケアにも使うことができます。

オリーブオイルはフェイシャルモイスチャライザーや化粧落とし、ヘアコンディショナー、トリートメント、リップクリームとしても使えます。ワセリンは手、足、肘、膝の肌荒れに効果があります。

このように多目的の製品は浴室や洗面所をスッキリさせるのに役立ちます。

次に、タオルについて説明しましょう。

タオルはいつの間にかどんどん増えていきます。新しいタオルを買っても古いタオルをめったに処分しないからです。たいへん便利なので処分する気になれないのでしょう。

新しいタオルはタオルラックに掛けられて重宝されますが、古いタオルはリネンクローゼットにしまったままになるため、棚や引き出しは年を追うごとにタオルでいっぱいになります。

浴室やリネンクローゼットを入念に調べて確認してください。タオルは何枚あり、家族は何人いますか？　この2つの数字に大きな隔たりがあるなら、余分なタオルを処分する必要があります。

家族の一人ひとりがタオルを何枚くらい必要としているかを正確に割り出してみましょう。筋金入りのミニマリストなら1枚と答えるかもしれませんが、ほとんどの人は2、3枚あれば十分だと考えるはずです。タオルがそれだけあれば、1枚を洗濯しているあいだに予備がありますし、来客があったときに使ってもらうこともできます。

さらに、タオルを広い用途で使えるサイズに限定しましょう。大型ではない普通サイズのバスタオルはほとんどのニーズに役立ちますから、ハンドタオルやフェイスタオルの必要性がなくなります。タオルが少なければ、浴室やリネンクローゼットはスッキリします。

最後に、浴室は狭くて機能的なスペースですから、それを小物類でいっぱいにしたいという誘惑に抵抗してください。

キャンドルや小さな花束を除いて、装飾品は最小限にとどめましょう。装飾品が多いと濡れたり汚れたりするので美容の作業に支障をきたします。ドライヤーで髪の毛をブローしているときに何かを破損するのは避けたいものです。

本や雑誌を読みたいなら、それを持ち込んでもかまいませんが、出るときは必ず持ち去りましょう。ただ、浴室は書斎ではないということを知っておいてください。

定位置を決める

浴室はたいへん狭く、そこに収納できるモノは限られています。したがって、すべてのモノは定位置を与えられ、つねに整然としていなければなりません。

モノを「よく使うモノ」「ときおり使うモノ」「ストックしておくモノ」に分類しましょう。

「よく使うモノ」には浴室にあるモノの大半が該当します。

つまり、毎日使うモノです。代表的なモノは歯ブラシ、歯磨き粉、モイスチャークリーム、洗顔料、化粧品、ヘアブラシ、クシ、かみそり、シェービングクリーム、綿棒、タオルです。当然、それらは手際よく身だしなみを整えるために、すぐ手の届く場所になければなりません。

「ときおり使うモノ」には、そんなに頻繁に使わないモノが該当します。たとえば、ヘアアイロン、バリカン、予備のタオルと洗面用品がそうです。

「ストックしておくモノ」とは、石鹸やトイレットペーパーのように大量に買い込むモノです。

機能別にまとめる

小物類を分類するとき、似たモノを機能別に分類しましょう。それぞれのグループをじっくり眺めてください。たぶんそのプロセスで同じようなモノがたくさん見つかるはずです。余分なクシや毛抜き、爪切りを処分しましょう。自分がマニキュア液を18色、香料入りローションを6種類もため込んでいることに気づくかもしれません。それらをまとめて眺めると、ちょっと多すぎることがわかるはずです。本当に必要なのはどのくらいかを検討し、どうしても必要なモノだけを選んでください。

浴室で使うモノを取捨選択したら、ケースを使って生活必需品を収納しましょう。化粧品はメイクアップのケースに、クリップやバレッタ、ピン、ヘアバンドなどの装身具はヘアアクセサリーのケースに入れてください。

美容クリームやネイル用品、クシ、ヘアブラシについても同じです。それらが引き出しの中にあると、増えていくのを止めることは困難です。さらに、その混乱ぶりは散らかり具合を助長します。

しかし、それを別々の容器にしまい込めば、見つけやすいですし、管理するのも簡単です。少し工夫をすれば、それぞれの容器にデコレーションのような役割を担わせることもできます。綿球や綿棒、入浴剤をガラスの瓶に入れると綺麗ですから、浴室におしゃれな雰囲気が漂います。

浴室を共有する家族一人ひとりに引き出しや棚を割り当てましょう。

そうすれば、家族全員が自分の収納場所を持つことができ、家族の洗面用品が一緒くたになるのを防ぐのに役立ちます。

このやり方は家族一人ひとりに自分のモノを保管する明確なスペースを与えます。もし収納スペースが足りないなら、フックを取りつけて家族一人ひとりが自分の洗面用品を入れた袋を吊るすといいでしょう。

そうすれば、洗面台の散らかりを軽減し、家族全員が自分の所有物に責任を持つことができます。

上限を設定する

> 浴室にあるモノに上限を設定するとき、そのマジックナンバーは「1」です。

ミニマリストらしいキャビネットをつくるためには、洗面用品を各製品につき1つに限定してください。

1つのシャンプー、1つのコンディショナー、1つの洗顔クリーム、1つの化粧水、1つのモイスチャライザー、1つの香水、1つのアフターシェーブローション、1つのボディローション、1つの歯磨き粉、1つの口紅、1つのアイシャドー、1つのマスカラー、1つのヘアブラシ、1つのほお紅、1つのマニキュア液、などなど。

各製品を1つに限定することによって、キャビネットの中が散らかりにくくなり、朝になってどれにするか迷うこともなく、環境への影響が少なくて済み、満ち足りていることを実感できます。

新しいモノを買う前に、まず現在のモノを使い切ってください。

「言うのは簡単だけれど、実行するのは難しい」と反論したくなる気持ちはわかります。新しいナイトクリームやマスカラの噂を聞きつければ、女性なら一目散に化粧品売り場に駆けつけたくなるでしょう。

しかし、自宅に同様の製品がすでにあるなら、衝動買いをしたくなるのを抑えてください。あるいは、新しい製品を持ち帰ったら、ほとんど使い終えた古い化粧品を処分しましょう。いつか最後まで使い切るかもしれないと思って古い化粧品にしがみつく必要はありません。最後まで使い切る前に腐敗するおそれがあります。

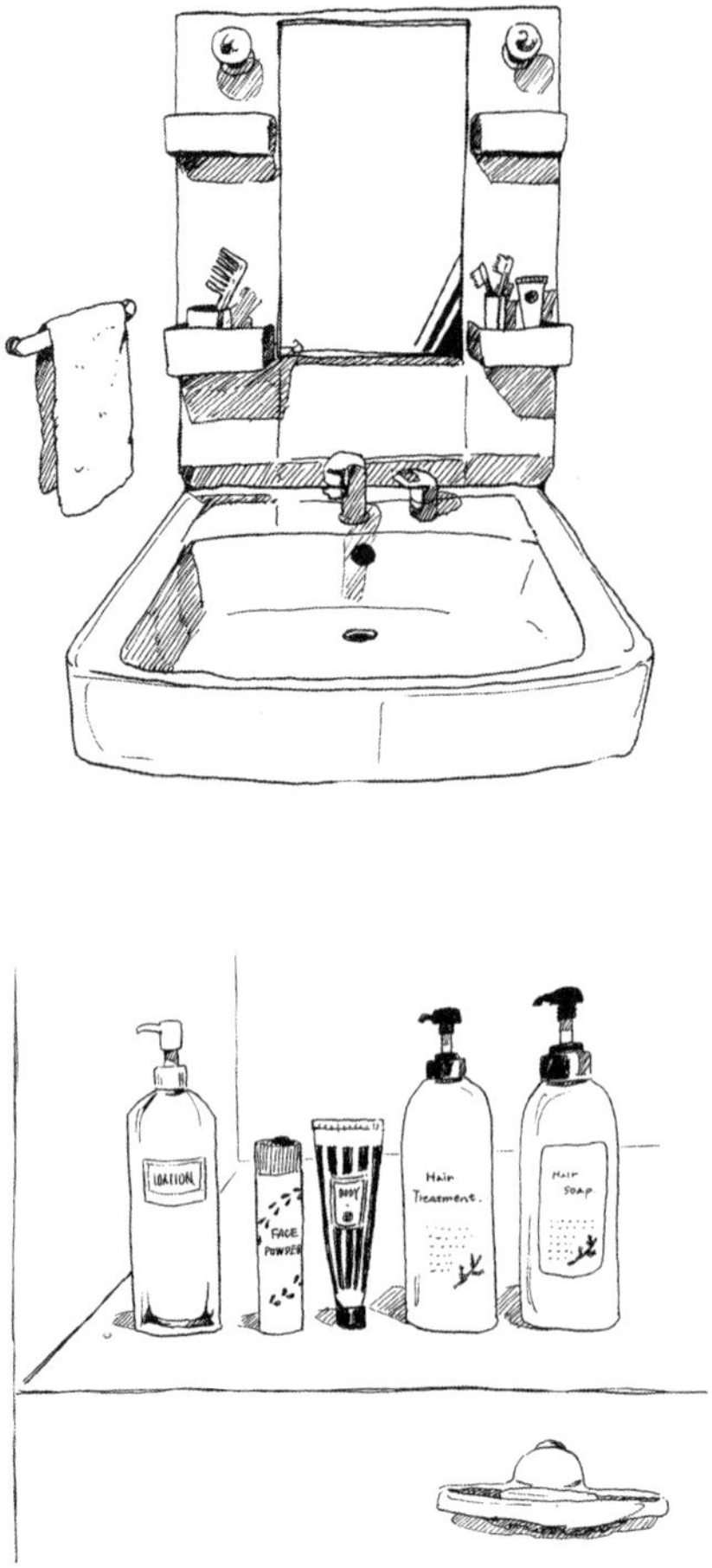

洗面や入浴用品は 1 種類につき 1 つにする

同様に、ほとんど使い終えた歯磨き粉のチューブやコンディショナーの瓶を放置しないでください。完全に使い切るほど超人的な力でチューブを絞ったり瓶の中の最後の一滴まで出し切ったりすることはまず不可能です。

また、化粧品にも気をつけてください。春メイクの新しいアイシャドーや秋メイクの新しい口紅を持ち帰ったら、昨シーズンのアイシャドーや口紅に別れを告げましょう。化粧品については新しいモノのほうが古いモノより楽しいのですから。

すべての水平面をスッキリさせる

スッキリした浴室を維持するのはたやすいことです。

実際、ミニマリストの力を磨いて家の中の他の場所に取り組むための技術と自信を身につけるうえで、浴室はうってつけの場所だと言えます。

厳格な守衛になれば、この作業はずっと簡単になります。散らかっているモノには絶えず警戒してください。

浴室を家族と共有している場合はなおさらです。浴室から出るたびに、そこにあるべきではないモノを持ち出しましょう。たとえば、子どものコップや配偶者の雑誌、自分が浴槽で読んでいた本、などなど。

理想的には、浴室を使わないときは水平面を何もない状態にして、いつもスッキリさせておくことです。

歯ブラシやデオドラントは毎日使うので、洗面台に置いたままにしておきたくなるのはわかりますが、何かが散らかっている状態は仲間を呼び寄せます。しばらくそこに放っておくと、ヘアブラシやカミソリが近づいてきます。さらに口紅やローション、香水のボトルも寄ってくるかもしれません。これに家族の人数を掛け合わせると、洗面台はすぐにぐちゃぐちゃになってしまいます。結局、すべてのモノをしまい込んでおいたほうが簡単なのです。

同じ理由で、浴室の床にもモノを置かないでください。

たとえば、タオルや洗濯物、予備の洗面用品、などなど。汚れた服は大型バスケットに集め、余った用具はキャビネットやバスケット、箱に入れましょう。

タオルとバスローブを吊るすためにフックとバーを使ってください。浴槽の棚もスッキリさせておきましょう。石鹸やシャンプー、シェービングクリームを周辺に並べるのではなく、棚やシャワーキャディーを取り付けてください。

スッキリした水平面はより魅力的であるだけでなく、より衛生的でもあります。浴室は暖かくて湿気があり、しかも密閉された環境ですから、汚れやかびの原因になりやすく、また細菌が繁殖して、周囲にあるモノに寄生するおそれがあります。

したがって、モノは少なければ少ないほどいいということになります。さまざまな洗面用品を移動させる必要がなければ、洗面台をきれいな状態に保つことは簡単です。

毎晩、水平面をきれいにしておきましょう。洗面用品や小物類を定位置に戻し、タオルをすべてラックに掛け、洗面台をさっと拭きましょう。これを就寝前の決まりごとにすれば、毎朝起きるたびに美しい浴室と洗面所に再会することができます。

---

06 収納スペース

これで生活スペースをスッキリさせることができましたので、あとは物置部屋や収納ロッカーなどの収納スペースについて検証しましょう。

たいていの場合、収納スペースには家じゅうの行き場を失ったモノが集まります。しかし、それが目につかないからといって、心の重荷がなくなったわけではありません。

一からやり直す

収納スペースはモノの散乱という問題に対する画期的な解決策のように見えます。所有物をすべて収納できる広い物置部屋やガレージがあれば、家の中がスッキリするように思えるからです。

しかし残念ながら、この「解決策」はたいてい裏目に出ます。収納のためのスペースがあればあるほどモノは増えていき、いつの間にか、対処できないほど多くのモノを抱え込んでしまうからです。


当初、私たち夫婦はワンルームマンションで快適に暮らしていました。そこにはクローゼットがあるだけで、それ以外の収納スペースはありませんでしたが、その後、物置部屋とガレージが付いた広い家に引っ越しました。

すると、どうなったでしょうか。夫婦の所有物が急増したのです。

数年間、ワンルームマンションで暮らしていたころは、家具やスポーツ器具、ホビー用品に飽きたら、保管場所がないので処分しなければなりませんでしたが、広い家に引っ越したとき、それらのモノを「いつか必要になる」という理由で物置部屋に移動しました。

その結果、「いつか必要になる」モノがどんどんたまり、不用品の山を築くはめになったのです。はっきり言って、収納スペースがなければ、必要最小限のモノで暮らしたほうが合理的だと思います。

不用品がたまるのを避けるためには、収納スペースを生活スペースと同じくらいスッキリさせることが大切です。

大きなガレージがあるからといって、それをモノで埋め尽くす必要はありません。使いもしないモノをたくさんため込んでおくより、1台の自家用車を保管するほうがいいでしょう。

また、物置部屋はさまざまな用途に利用することができます。周囲を散らかす可能性のある趣味を追究するうってつけの場所ですし、家族の部屋や寝室としても使うことができます。使い物にならないガラクタのために、収納スペースを最大限に活用できずにいるのは惜しいことです。

収納スペースについては、次の2つのうちの1つの方法で着手してください。**すなわち、1回に少しずつするか、1回で徹底的にするか、です。**

思い切ってやってみたいなら、週末を費やし、物置部屋やガレージにたまっているモノを引っ張り出してください。薄暗い片隅にあるモノは見落としやすいので、すべて白日のもとにさらして検証すると、それを残しておきたいという誘惑に抵抗するのに役立ちます。

何年も使っていない古い野球のスパイクや壊れた自転車をずっと保管しているのが、急にばかばかしく思えてくるはずです。

成果を最大化するために、家族全員に参加してもらってパーティーのように楽しむといいでしょう。陽気な音楽を流しお菓子をふるまって楽しい雰囲気をつくれば、それがやっかいな作業というより愉快なゲームのように感じられるはずです。

さらにやる気を出させるために、その「新しい」スペースをどう使うかという計画を立ててください。中高生の子どもは、もしそれがホームシアターやバンドの練習場になるのなら、情熱を燃やしてこのプロジェクトに取り組むでしょう。

もしこの大掃除が困難なら、1回に少しずつ取り組んでください。

1回に少しずつやれば、困難な作業でもより簡単に思えるはずです。成果を上げるために予定を組みましょう。

たとえば、毎日か毎週、ひとつの箱を選び、それを収納場所から家の中の別の場所に移動して中身を検証してください。モノをいつもの場所から取り出すと、それを元に戻す可能性は低いはずです。

この作業をゆっくり進めると、一つひとつのモノを丹念に検証して、それを処分する前に写真や書類、その他の思い出品をデジタル化する時間的余裕ができます。

家の敷地の外に物置（トランクルームやレンタル物置）を所有しているなら、それを処分してください。それは見たくもない不用品を収納するためにセカンドハウスを借りているようなものです。

その際、次の質問を自分に投げかけて熟考してください。

* そこに収納している数々のモノを覚えているか？
* 覚えていないなら、所有していることすら知らないモノが本当に必要か？
* それを最後に使ったのはいつか？
* 使いもしないモノを収納するためにお金を払う価値があるか？
* 家の中に保管したくないのに、なぜそれを家の外に収納するのか？

これらの質問への答えが「ノー」や「わからない」なら、最善の方法は物置そのものを処分することです。

捨てる、残す、譲る

モノを「捨てる」「残す」「譲る」に分類するとき、**もしそれを1年以上使っていないなら手放すというルールに従ってください。**

1年間という期間を設定したのは、季節限定で使っているモノを網羅できるからです。たとえば、プールで遊ぶおもちゃ、雪かき用のシャベル、野球のバットとグローブ、スケート靴がそうです。

もしこの1年間（または過去数年間）、一度もスキーやキャンプに行かず、クリスマスのデコレーションを使っていないなら、何のためにそれらのモノを収納しているのか自問しましょう。

収納スペースには「捨てる」の対象になるモノがたくさん見つかるはずです。たいていの場合、ここは故障品や破損品のたまり場になっているからです。すでに新しいテレビを買って使っているなら、古いテレビを修理して使う可能性はどのくらいあるか考えてみましょう（ヒント　きわめて低い）。

同様に、シートが破れた椅子や脚が壊れたテーブルを再びダイニングルームで使うかどうか自問してください。もしそれらのモノを本気で修繕する意志があるなら、すでにしているはずです。

いっそのこと、それを手放してしまえば、心の重荷がとれてほかの活動に取り組む時間ができます。

おそらく「譲る」の箱もすぐにいっぱいになることでしょう。

収納スペースは頓挫した計画や過去の趣味が行き着く倉庫だからです。

私たちは何らかの活動をやめることに後ろめたさを感じることがよくあります。用具代やトレーニング代を払っている場合はなおさらです。

そこで、「いつかまた使う」と心の中で誓い、用具を収納スペースにしまい込みます。

しかし、その活動を継続する義務はないことを思い出してください。使うつもりがない古いテーブルは寄付しましょう。数年間ふれていない釣り竿は知り合いに譲りましょう。使い方を覚えなかったミシンは売却しましょう。

過去の遺物から自分を解放するとスッキリします。心の重荷がとれれば、新しい関心事に取り組む情熱とエネルギーがわいてきます。

同じことが家具にもあてはまります。家を改装すると、合わなくなった家具が出てくることがよくありますが、それを処分せずに物置部屋やガレージにしまいがちです。しかし、椅子やテーブル、作業机、ベッドを誰も使わないなら、それを残す目的は何ですか？

とくにベビー用品はいつまでも残しがちですが、それを正当化できるのは、子どもがもう1人生まれる場合に限定されます。中高生の子どものかわいらしい時代を思い起こすために、約15年前のベビーカーを保管する必要はありません。

ベビーカーには時計の針を巻き戻す力はないのですから、それを必要としている人に譲りましょう。不用品をガレージでほこりをかぶっている状態で残すより、経済的に厳しい若い夫婦を助けてあげるほうがずっと有意義です。

さらに、「残す」箱について考えてみましょう。

物置部屋やガレージを過去の遺物の博物館にしないように気をつけてください。スポーツ大会のトロフィーやクラブ活動のユニホームにも批判的な目を向けましょう。

再びサッカーの試合に出場したりチアリーダーになったりする予定がない（もしあるなら、がんばってください！）なら、昔のユニホームを処分しましょう。

収納スペースに残されている形見も同じように検討してください。もしそれが特別な意味を持たず、ほこりをかぶった状態でひっそりとしまい込んであるなら、ずっと残す価値があるかどうか考えてみましょう。

収納スペースは必ずしも清潔ではありません。ほこりやカビ、湿気、泥、害虫などがモノに被害をもたらすおそれがあります。それが必要になったときには、もはや最高の状態ではないかもしれませんから、結局、新しいモノを買う必要があります。（とすれば、長年にわたり残しておいて何の意味があったのでしょうか？）

残しているモノがこの環境を耐え抜けるように気をつけてください。それができないなら、大切なモノが劣化していくのを放置するのではなく、生活スペースに取り入れて残すか別の人に使ってもらいましょう。

たとえ目にふれなくても、物置部屋やガレージなどの収納スペースにあるモノは気になります。不用品に囲まれて生活していると考えるだけで、息が詰まりそうになるでしょう。

したがって、収納スペースの中身をできるだけ減らして、よく使うモノ（と、近いうちに使う予定のモノ）だけを残してください。

「もしかしたら使うかもしれない」という理由でモノをため込むのはよくありません。不用品をあっさり処分したほうが物理的にも気分的にもスッキリします。

まず、季節の装飾品について考え直しましょう。自然の恵みのほうがはるかに優雅なのに、なぜお店で買った装飾品を残しておくためにスペースを割くのでしょうか。

クリスマスには常緑樹に天然のヒイラギの小枝で装飾しましょう。秋にはどんぐりと木の葉、春には新鮮な花とドライフラワーで自宅を飾りつけましょう。部屋に質感と色彩を与えるために人工的な飾り物ではなく小石と小枝と果物を使いましょう。

自然な飾りつけをすると本当の意味で新鮮な雰囲気を醸し出すことができますし、さらにすばらしいことにあとで何も保管する必要がありません。

次に、道具をあまり必要としないスポーツと趣味を選んでください。サッカーやテニス、ヨガ、空手、ダンスなら、そんなに多くの道具を必要とせずに練習できます。ランニングマシンを買うのではなく、戸外でウォーキングやジョギングをしましょう。わざわざ運動器具を使わなくても、身体を自由に動かして美容体操や健康体操をすればいいのです。

趣味についても同様の方法でおこなってください。たしかに木工細工や金属細工、陶芸はすばらしい活動ですが、多くの道具を必要とします。その点、外国語や詩、スケッチはそんなに多くの道具を使わなくても深い満足をもたらしてくれます。

最後に、モノは借りることを検討しましょう。

ごくたまにスケートに行く程度なら、スケート靴を所有せずにレンタルしてください。ごくたまに釘打機が必要になる程度なら、近所の人にそれを借りましょう。めったに自家用車を使わないなら、それを売ってカーシェアリング（時間貸し）を利用すれば、コストを削減してガレージのスペースを広く使うことができます。

定位置を決める

家の中の他の部分と同様、収納スペースでもすべてのモノが定位置を与えられていることが重要です。そうしないと、モノがすぐに収納スペースを占拠します。

片づけるのが面倒なときに収納スペースに放り込みたくなる衝動を抑えてください。気をつけなければ、収納スペースがたちまち大混乱に陥り、とめどもなく散らかってしまいます。

収納スペースに保管されているすべてのモノはめったに使わないと想定しているかもしれませんが、そんなことはありません。

物置部屋やガレージには「よく使うモノ」が収納されています。したがって、そういうモノをすぐに取り出せるように整理整頓しておく必要があります。

このカテゴリーには掃除用具や家庭用品、カー用品などがあり、それらを棚やラック、フックに収納しましょう。

「ときおり使うモノ」とは、1年に1回から数回、または季節限定で使うモノのことです。このカテゴリーには祝日の飾りつけや消費期限付きの救急用品、季節外れの用具（夏季のスキー用品や冬季のキャンプ用品）が該当します。

最後に、「ストックしておくモノ」とは、たびたび使うわけではないけれども、何らかの理由で保管しておかなければならないモノのことです。

このカテゴリーに該当するモノはあまり多くありません。実際、防災用品、財務書類、法律書類ぐらいしか思い浮かびません。

最も大切なのは、対処したくないモノ（形見のように）を隠しておくために収納スペースを使わないことです。

機能別にまとめる

収納スペースは多種多様なモノ――アイスボックスからカヤック、熊手、ローラーブレードにいたるまで――を保管するので、機能別に分けるのがそれらを整理整頓しておくための最善の方法です。

大きなモノから小さなモノまで、似たようなモノを分類してください。シャベルと熊手を分類するだけでなく、ネジやクギなどの工具類も種類と大きさで分類しましょう（整理整頓が好きな人にとっては、これは充実感が得られる作業です）。

箱に「家の修繕」というラベルを貼るより、中身を配管、電気、木工、ペンキ塗りなどの作業別に分類してください。

それと同様に、機会や季節ごとに装飾品を分類しましょう。そうすれば、誕生日の用品を探すために、クリスマスの用品をかき分ける必要がなくなります。

スポーツ用品を活動別に分類し、夏物（サンダルやビーチタオル）と冬物（ブーツ、帽子、手袋）を別々の場所に収納してください。その際に余分なモノを処分しましょう。

次に、中ぐらいから小さめのモノを収納する適切な容器を見つけてください。放っておくと、それらのモノはさまよい出して問題を起こしかねません。

透明な容器や箱なら中身がすぐに見えますから理想的です。不透明な容器にはラベルやカラーコードを貼り、箱を次々と開けなくても必要なモノがすぐに見つかるように工夫しましょう。もっといいのは、それぞれの容器の中身をリストアップして印刷し、前面に貼っておくことです。そうすれば、どんなモノでもすぐに見つかりますし、必要なモノがどこに行ったかわからないという事態を避けることができます。

上限を設定する

収納スペースはふだん見えない場所にあるので、そこに収納できるモノはなんでも詰め込みたくなります。しかし、それはミニマリズムとは程遠い状況です。

収納スペースに残すモノに上限を設定しましょう。まず、棚などの収納場所にあるモノを制限してください。床をきれいに片づければ、趣味に取り組んだり、バンドを結成したりするスペースを確保することができます。

グループ別でも所有物を制限しましょう。たとえば、スポーツ用品、季節の装飾品、道具類をそれぞれ1箱か2箱にまとめると便利です。さらに、記念品などの思い出品を制限したいなら、1箱にまとめてください。

ひとつ入れたら、ひとつ出す

気をつけないと、収納スペースは古い技術の博物館、古い道具の収容施設、古い娯楽の記念館になりかねません。

この運命を避けるためには、「ひとつのモノを入れたら、ひとつのモノを出す」というルールを実践する必要があります。

よりよい電化製品やその他のモノを入手したら、古い電化製品やその他のモノを処分しましょう。

新しいスポーツや趣味に取り組むようになったら、古いスポーツや趣味（とその関連グッズ）とは縁を切りましょう。新しいモノを手に入れたら、古いモノを必ず処分しましょう。

すべての水平面をスッキリさせる

物置部屋やガレージでは、作業台のように機能的なモノだけを置いておきましょう。このようなエリアでの作業はときには危険を伴いますから、スッキリした水平面を維持することが安全確保に不可欠です。

たとえば、電動のこぎりを使ったり有害な化学物質を扱ったりしているときにテニスボールが転がっていてはいけません。

さらに、何らかの作業に取りかかろうとしているときに、まずゴミを捨てなければならないなら意欲を失ってしまいます。

作業台の水平面をスッキリさせておくために、ハンガーボードをすぐそばに設置しましょう。そうすれば、クギやボルト、ネジなどの工具類はいつも手の届く範囲内にあります。

それと同様に、物置部屋やガレージでは床をスッキリした状態に保つために最善を尽くしてください。

この空間は暗くて陰気で、足元に何かがあるとつまずいてしまうおそれがあります。こんな場所で重い荷物を運んだり脚立で作業をしたりすると、放置されているベビーカーが思わぬ怪我の原因になるかもしれません。

棚やフック、ホルダーを活用し、シャベルや熊手などの園芸用品やスキーやスケート靴などのスポーツ用品、サッカーボールやヘルメットなどの小物類を入れた袋を掛けておきましょう。**理想は、つまずいたりぶつかったりすることなく安全に歩けることです。**

日々のメンテナンスを心がける

物置小屋やガレージのような収納スペースはつねに「メンテナンス」を心がけることが大切です。

収納スペースを散らかっていない状態に保つためには、厳格な守衛にならなければなりません。

というのは、モノはいったん入り込むと、追い出すのにかなり努力がいるからです。物置部屋やガレージなどの収納スペースに入れようとしているモノについては、事前にその理由を自分に問いただしてください。

生活スペースにいらないモノなら、いっそ家の外に追い出したほうがいいかもしれません。

現実から目をそむけたり厳しい決定を避けたりするために収納スペースを利用しな

いでください。

もし叔母の音楽のコレクションを物置部屋に保管しようとしているなら、代替案を考えましょう。それを義理の妹に譲るかチャリティーショップに寄付するほうが、物置部屋にしまい込むよりいいかもしれません。

一日にひとつの不用品を処分することを検討しましょう。

収納スペースは不用品を処分する絶好の機会を与えてくれます。うれしいことに、それは非常に簡単です。それらのモノは生活スペースの外にありますから、すでに物理的にも心理的にも距離を置いています。毎日のように見たり使ったりしていませんから、それがなくても暮らしていけることをよく知っています。

こんなふうに考えてください。

もし遠方に引っ越すことになったら、あなたは収納スペースから何かのモノを引っ張り出して持っていきますか？　もしそんなに大切にしているモノではないなら、処分したほうがいいのではありませんか？

1年に1回は不用品の大規模な処分をしてください。

お祭りムードを出すためにホリデーシーズンの週末がいいでしょう。物置部屋やガレージのモノをすべて別の場所に放り出して検証してください。

使っていない道具、好きではないホビー用品、使い古したスポーツ用品など、この1年間で収納スペースに入ってきたモノを一掃しましょう。

モチベーションを高めるためにガレージセールやフリーマーケットに出して、その収益を家族旅行のように楽しいことに使いましょう。

大規模な処分を年中行事にすれば、毎年、家族みんなが心機一転して新しいスタートを切ることができます。

第4章

ライフスタイルを変える

所有物を整理整頓する方法を
説明しましたので、
ミニマリズムについてさらに深く考察しましょう。
減らすことの喜びを家族と共有し、
一緒に不用品を処分するように
働きかけてください。

よりシンプルな暮らしが
地球とそこで生活している人たち、
および未来の世代に
恩恵をもたらすことについて説明します。

これを読めば、さらに消費を控え、
地球上で身軽に暮らす
動機づけになるはずです。

01

家族みんなでミニマリズムを楽しむ

これであなたはミニマリストの心得を学び、整理整頓のテクニックをマスターし、自分の身の回りをスッキリさせることができました。

しかし、勝利に酔いしれつつも、幼い子どものおもちゃや中高生の子どもの靴、配偶者の書類の山を見て愕然とし、家族が家の中を散らかしているのをどう解決すればいいか悩んでいることでしょう。

しかし、心配はいりません。

ミニマリストのライフスタイルを家族みんなで楽しめばいいのです。

たしかに家族の人数が多いと散らかり具合もひどくなります。

しかもやっかいなことに、愛する人たちが一定の年齢にさしかかると、あなたが主導権をとるのは難しくなります。

たとえば、赤ちゃんなら不用品を処分されても文句を言いませんが、幼い子どものもの古いぬいぐるみや配偶者の旧式の電化製品を処分するにはそれなりの配慮が必要です。

しかし、安心してください。

家族全員でミニマリズムを実践することは可能ですし、そのために努力する価値は十分にあります。この章では、家族が2人でも10人でも効果を発揮する行動計画を提示しましょう。そのあとで家族一人ひとりの対策を詳しく説明します。

赤ちゃん、幼児、小学生、中高生、配偶者……この順番に課題が難しくなっていきます。もちろん家族によって事情が異なりますから、自分の家族にあてはまる部分だけを読んでもかまいませんし、あるいは将来のことを考えて全体を熟読するのもいいでしょう。

ミニマリズムは家族に多大な恩恵をもたらします。家じゅうをスッキリさせると、その分の空間・時間・労力を愛する人たちにささげることができるからです。これなら努力のしがいがあります。

では、行動計画について説明しましょう。お手本を示し、テーマを決め、上限を設定し、ルーティンを明確にし、処分用の箱を準備してください。

家族全員で家じゅうをスッキリさせるために必要なのはそれだけです。けっして難しいことではありません。

家族にお手本を示す

ミニマリズムのすばらしさに気づいたら、そのワクワク感を抑えるのは容易ではないかもしれません。実際、あなたは「使わないモノを家の中にたくさん保管しておくのはおかしい」と思っていることでしょう。

しかし、**家族全員で成果を上げる最善の方法は、あれこれ言う前に自分がお手本を示すことです。説き伏せたり小言を言ったりすると逆効果になりかねません。相手は反発して所有物によりいっそうしがみつこうとします。**

論より証拠です。

自分が創造したスッキリした空間を家族に見せて、シンプルな暮らしのよさを感じてもらいましょう。変化はすぐには起きないかもしれませんが、やがて配偶者はあなたがいつも落ち着いていて探し物をしなくなったことに気づきます。

中高生の子どもはあなたが以前のようにショッピングモールから戻って大きな買い物袋を引きずっていないことに気づきます。幼い子どもはあなたがスッキリした空間で一緒に遊んでくれるようになったことに気づきます。そうやってお手本を示しながら、家族を同じ方向に導いていくことが大切です。

さらに、**自分の散らかっているモノを片づけて得た経験は、家族の片づけを手伝うときに役立ちます。**自分のモノで苦労したからこそ、家族が抱えている心の葛藤を理解できますし、整理整頓のテクニックを何度も使って成果を上げたからこそ、家族に適切な指導をすることができます。

最後に、自分の所有物をきれいに片づければ、家族の所有物にスポットライトをあてることができます。

テーブルの上に本や雑誌、書類、おもちゃが散らかっていたら、どれが誰のモノかわかりません。あなたの所有物が他の人の所有物の上に覆いかぶさっていたら、相手はそれが目の前にあることにすら気づきません。しかし、あなたの所有物が片づけば、相手の所有物は白日のもとにさらされますから、それを片づけるのは簡単になります。

いったん自分の所有物を片づけたら、あなたは主導権を握ることができます。ただし、**本人がいないときに大きなゴミ袋を持って所有物を勝手に処分してはいけません。家の中をスッキリさせたいなら、家族の協力を得る必要があります。**

自分たちの生活がモノを中心に回っているのではなく、幸せがモノとは関係がないことを子どもに示しましょう。

とくに子どもは親を見て多くのことを学びます。

モノを買うことに執着せず、週末をショッピングモールで過ごさず、クローゼットと引き出しを過剰な所有物でいっぱいにしないように気をつけてください。**モノより体験を大切にし、消費より家族の時間、自然とのふれあい、地域社会の連帯を重視しましょう**。私がミニマリストとして誇りを持っていることのひとつは、3歳の娘が「おもちゃなんてそんなにいらないわ。お日さまの下で遊べるだけで幸せだから」と宣言したことです。

とにかく辛抱強く取り組みましょう。家族がミニマリズムのすばらしさに気づくには、あなたの場合より時間がかかるかもしれません。それまであなたは自分のシンプルな暮らしを楽しみながら、少しずつ家族を正しい方向に導いてください。

家族で片づけの「テーマ」を決める

これはとてもワクワクする課題です。

どうやら家族はあなたの喜びにあふれた片づけの作業に気づきました。

それは好奇心かもしれませんし、ちょっとした賛美かもしれません。いずれにしろ、いよいよ家族に参加してもらうときが来ました。あなたがそれをどんなふうにするかは、家族がどのくらい関心を示して情熱を持っているかによります。

たいていの場合、小さく始めて徐々に進めていくのが効果的です。所有物を減らすことで得られる多くの恩恵を具体的に説明しながら、配偶者や子どもに少しずつ理解してもらいましょう。まず、クローゼットやキッチンの引き出しの整理のように簡単な片づけを配偶者や子どもと一緒にやってみてください。不用品を処分するきっかけをつくるために、家族があまり愛着を持っていない共同使用のモノから始めるといいでしょう。

家族全員で力を合わせて物置部屋やガレージをきれいに片づけると、連帯感が強まり、達成感が生まれ、今後の作業に自信がつきます。これは家族の絆を強める経験であり、過去の思い出を祝福し、新しい思い出をつくるスペースを確保する機会です。

実際、愛する人たちの結束と支援は、家の中をスッキリさせるうえで大きな意味を持ちます。たとえば、息子が少年野球で使っているバットやグローブを処分するのをためらっているとき、娘が「本格的な野球を始める年齢だから、古い道具はもういらないわね」と言うと効果的です。

あるいは、父親が古いギターを処分するのをためらっているとき、子どもが「新しいギターの生演奏を聴きたい」と言えば、不用品の処分を後押しすることができます。


徐々に始めようと大胆に始めようと、コミュニケーションが成否のカギを握っていることを肝に銘じてください。タイミングを見計らって家族会議を開くと効果的です。


子どもたちを全員集めて正式な雰囲気で話し合いをしようと、配偶者とくだけた雰囲気で話し合いをしようと、片づけに関する綿密な相談をすることが重要です。

まず、自分が何を成し遂げたいのかを正確に伝えましょう。

「一緒に片づけよう」と言うだけではあいまいですから、具体的に説明する必要があります。たとえば、「家族みんなでくつろいで食事ができるようにダイニングルームをスッキリさせよう」とか「物置部屋をきれいに片づけて家族団らんの部屋にしよう」と言うことが大切です。

次に、その理由を家族にわかりやすく説明しましょう。

「モノに邪魔されずに遊べるスペースを確保しよう」とか「毎朝、出発間際にカギや靴を探して大あわてするのではなく、心に余裕を持って出かけよう」と伝えると効果的です。**その際、モノに囲まれて暮らすよりも家族みんなで楽しく過ごす時間を大切にしたいと願っていることを強調してください。**

最後に、具体的な方法を家族に大まかに説明しましょう。

たとえば、1回にひとつのクローゼットに取り組む、週末に物置部屋をきれいに片づける、家族の中で誰がいちばん多くのモノを処分するかを競うコンテストを開くというのがそうです。ゲームプランをつくって成功に必要なツールを与えましょう。家族に整理整頓のテクニックを教えましょう。

すなわち、ゼロから始め、保管するモノを決め、すべてのモノの定位置を決め、上限を設定し、モノを減らし、部屋が散らからないようにするルーティンを実行するということです。

不用品を処分しようとするたびに家族のコンセンサスがいるのは面倒だと思うかもしれませんが、そんなことはありません。もし誰の所有物でもなく、金銭的にも感情的にも価値がないモノなら、独断で処分すればいいのです。

余分な食器類や使い古したドアマットを処分する前に家族全員の意見を求めると、

誰かが「それはまだ使えるから保管すべきだ」と言い出すのは目に見えています。
口論になるのを避けて主体的に決定をくだし、家族一人ひとりが自分の不用品を処分することに意識が向くように工夫してください。

モノの上限を設定する

子ども部屋を兄弟と共有して領域を明確にするために真ん中にテープで線引きをしたときのことを覚えていますか。

ここでしようとしているのは、まさにそれです。ばかばかしいと思うかもしれませんが、家の中をスッキリさせるには不可欠な作業だと言えます。

ここでカギになるのは、家族一人ひとりに自分の所有物を保管するスペースを与えることです。これだけでも、あなたが「家の中をスッキリさせましょう」と言ったときに家族がパニックを起こすのを防げるはずです。**自分の所有物をすべて処分する必要はなく、所有物を自分のスペースに保管しさえすればいいことを家族全員に強調してください。**

要するに、家族一人ひとりが自分の所有物に上限を設定し、責任を持って保管するということです。

そのスペースは子どもの寝室や遊び部屋、リビングルームの片隅、配偶者の仕事部屋、趣味の部屋、ガレージの一部かもしれません。小さな家に住んでいるなら、創意工夫をして棚やクローゼット、部屋の一部を家族一人ひとりに割り当てるといいでしょう。その目的は、一人ひとりの所有物を定位置に保管して、共有スペースをスッキリさせることです。

当初、家族の共有スペースをスッキリさせると、個人のスペースがモノでいっぱいになってしまうかもしれません。

しかし、それでいいのです。

配偶者や子どもは自分の所有物が散らかっている状態を直視する必要があります。自分の所有物を分類するとき（もう家じゅうが散らかっていません）、それは一目瞭然です。もちろん、あなたは子どもの寝室が散らかりっぱなしになるのを望んでいないでしょうから、リーダーシップを発揮して、子どもが何を保管すべきかを決めるのを手伝う必要があります。

実際、自分の所有物を分類しながら、捨てるモノ、残すモノ、譲るモノに分類するといいでしょう。あなたの娘はいつまでもリビングルームに昔の人形を飾っておきたいと思っているかもしれませんが、それを自分の部屋に移動するぐらいなら捨てたほうがいいと考えるでしょう。同様に、配偶者はダイニングテーブルの上に積んでおくと便利だという理由で1年分の雑誌をそこに保管したがっているかもしれませんが、自分の部屋に移動したくないモノを処分する機会を与えましょう。

最も大切なのは、リビングルームは家族が何でもできるスペースであることを全員に理解させることです。

言い換えると、リビングルームは家族がおもちゃで遊び、本を読み、工芸品をつくるというように自由なことをするスペースですが、それが終わったら後片づけをしなければならない（できれば毎晩）ということです。場合によっては一時的に例外を設けてもかまいませんが、いつまでも場所を占有しないように期限を決めておく必要があります。ただし、これだけは覚えておいてください。

上限を設定する目的は、家族の活動を制限することではなく、家族のための自由なスペースを確保することです。

そうして、家族で不用品を処分する初回の作業を成功させたら、少し時間をとって祝福しましょう。配偶者と子どもに「すばらしいことをしたね」と伝え、新しくできたスペース（たとえそれがクローゼットの中のわずかな空間でも）を祝ってください。

祝福が終わったら、しばらくシャンパンのグラスを置いてください。

まだすべての作業が完了したわけではありません。

不用品の大規模な一掃であれ、小規模な処分であれ、いったんそれが終わったら、再び散らからないように新しいルーティンを導入する必要があります。

ここでお願いします。

どうかこのプロセスを飛ばさないでください。

家の中は散らかりやすいのです。明日、娘が誕生日パーティーのプレゼントを持ち帰り、配偶者がバーゲンセールで何かを買って帰り、息子が新しいモノをコレクションの一部としてテーブルの上に置くかもしれません。こんなふうに毎日のように多種多様なモノが家の中に持ち込まれますから、家じゅうが散らからないように気をつけてください。

もちろん、いくらがんばっても自分の力だけでそれを成し遂げることはできませんから、家族の協力を得る必要があります。


まず実行すべきことは夕食後の片づけです。

そして、夕食から就寝までのあいだの時間帯を選んで、家族全員に家の中に散らかっている自分の所有物を集め、それを元の場所に戻すように指示してください。

あなたと配偶者がキッチンのシンクをスッキリさせる作業であれ、6人家族が手分けして家じゅうをスッキリさせる作業であれ、明確な始まりと終わりのある共同作業にしてください。

もし毎日実行するなら（その際、小言を言わないように気をつけてください）、この作業はせいぜい10分ぐらいしかかからないはずです。


この毎晩のルーティンは、家の中が散らからないようにするためのたいへん効果的な方法です。24時間でたまるモノはそんなにたくさんありませんから、毎日すれば作業が簡単になります。

さらにすばらしいことに、この作業に励むことによって、家族がより多くのモノを所有することの問題点に目覚めることができます。

モノが増えれば毎晩の片づけが増えますが、モノが減れば毎晩の片づけが減って時間的余裕が生まれます。また、家族が毎日のように家の中の散らかり具合をチェックできますから、所有物をむやみに増やそうという気にならなくなります。

確立すべき2番目のルーティンは、何かを使ったらすぐに元の場所に戻すことです。

子どもはこの習慣をなるべく早く身につけるべきですし、やれば必ずできます。難しいと思うかもしれませんが、そんなことはありません。しっかりしつければ、2歳の子どもでもちゃんとできます。

「ひとつのモノを入れたら、ひとつのモノを出す」というルールを実行するのに早すぎることはありません。幼い子どものための新しいおもちゃを入手したら、古いおもちゃを処分することに慣れさせましょう。この習慣がとくに効果を発揮するのは、誕生日や祝日にたくさんのプレゼントをもらうときです。それと同様に、中高生の子どもにも新しいジーパンやスニーカーを手に入れたら、古いジーパンやスニーカーを処分するようにしつけましょう。**もし手放すのがつらいなら、新しいモノが本当に必要になるまで購入を控えるべきです。**

当然、この作業は1回きりではありません。

家族がある場合はとくにそうですが、1回で家の中が永遠に片づくことはないからです。しかし、家族一人ひとりが所有物を管理するための新しいルーティンを確立するのを手伝ってあげれば、こまめな作業によって家の中をいつもスッキリさせることができます。

処分用の箱を設置する

もしかすると、家全体が大きな物置部屋のように感じられるかもしれません。おもちゃや衣類、書類、ギフト、道具などが続々と家の中に入ってくるからです。しかし残念ながら、モノが家の外に出ていく経路はそれほど明確ではありません。モノが家の外に出ていくのを促すためには、「処分用の箱」を設置する必要があります。モノが家の中に入ってくるのは簡単ですから、それが同じくらい簡単に家の外に出ていく仕組みをつくればいいのです。

あなたが模範的な行動を示したので、不用品を処分する機運が家族のあいだで高まったとしましょう。たしかにすばらしいことですが、中高生の子どもが使い古したスポーツソックスを処分しようとして家じゅうを探し回り、それをどこに置けばいいかわからず、あとで処分するために自分の部屋の片隅に放り投げたらどうなるでしょうか。せっかく盛り上がった機運が衰え、またしても部屋の中が散らかってしまいます。

これまでの努力がこんなふうに水の泡になるのを避けるにはどうすればいいでしょうか？　それには家族が不用品を処分しやすい環境を整えることです。

具体的には、次のガレージセールまで不用品を保管しやすくするのではなく、「処分用の箱」に不用品を入れやすくするということです。

では、「処分用の箱」について説明しましょう。

その箱はたくさんのモノが入るほど大きくて、家族が無視できないほど目立ち、手軽に不用品を処分できる便利な場所に配置する必要があります。

もちろん、箱の大きさは家族によって違いますし、どれだけ多くの不用品を処分するかによっても違ってきます。しかし、大きめの箱のほうが便利です。せっかく不用品を処分しようとしているのに、それが小さな箱に入らないと意欲を失いかねません。ありふれた段ボールを利用するといいでしょう。

場所の選定が成否を分けることを肝に銘じてください。

物置部屋やガレージの片隅に箱を置いても、家族は不用品を処分しようという気になれないかもしれませんから、家族全員にとって便利な場所に置きましょう。たとえば玄関やクローゼット、洗濯部屋です。もっといい場所は、不用品の大半が発生する子どもの寝室や配偶者の仕事部屋のすぐそばです。

家の中をいつもスッキリさせる役割を担うリーダーとして、あなたは絶えず監視しなければなりません（といっても、それは不用品を処分するためのわずかな代償です）。

これは家族全員が気軽に自分の不用品を処分するやり方で、最終的にはあなたがその中身を検証しなければなりません。なぜなら、子どもは大切なモノまで処分してしまうおそれがあるからです（さすがに配偶者は大人ですから、そんなことはしないと思いますが）。

処分するモノはすべて計画に基づいていて、その中で価値のあるモノは売却か寄贈するようにしてください。処分用の箱がいっぱいになるペースに応じて週に1回、月に1回、季節に1回は点検しましょう。とくに重要なのは、処分するモノを箱の中に入れる余地がつねにあるようにすることです。

以上で家族全体に関する一般的な計画を説明しました。

ここからは家族一人ひとりについてより具体的な計画を説明しましょう。

赤ちゃんから配偶者まで、家の中が散らからないようにするための詳しい方針を紹介します。

赤ちゃんのモノの片づけ

もし不用品を処分する計画について説明すると、赤ちゃんはにっこりほほ笑んで賛成してくれるでしょう。

あなたの心をなごませようとしているだけでなく、ミニマリストの計画に協力しようとしているのかもしれません。赤ちゃんにとっては、高級な家具や凝った装飾品、おしゃれな寝具、かわいいバスタオル、上等の服などはどうでもいいのです。**赤ちゃんが求めているのは、やさしく抱きかかえてあやしてもらうことで、何らかのモノを求めているわけではありません。**

たいていの場合、ベビー用品の目的は、赤ちゃんを喜ばせることではなく、新しい親（または、これから親になる人）を満足させることです。

ベビー用品は「生活をより快適にする」というキャッチフレーズで販売されています。一晩に3時間ほどしか睡眠がとれず、気分が落ち着かないと、モノを買いあさりたくなるかもしれません。

そこで、私のアドバイスはこうです。

赤ちゃんがまだ生まれていないなら、生活必需品だけをそろえてください。

本当に何が必要になるかを見極めるのは、赤ちゃんが生まれてからでも遅くありません。ベビー用品店はあなたの出産後も営業していますし、ネット通販ならたいてい2日以内に商品を届けてくれますから、どうか安心してください。

何らかのモノが必要になれば、いつでも手に入ります。ベビー用品を贈ってくれる人には「できればギフトカードにしてもらえませんか」と言いましょう。長い目で見ると、そのほうがずっと役に立ちます。

幼稚園に行くまでに必要なモノが子ども部屋にすでにそろっているなら、一から整理整頓をしましょう。赤ちゃんを物置部屋のような場所で寝かせてはいけません。子ども部屋にあるモノをすべて取り出して、いつも使うモノだけを元に戻しましょう。安らぎを感じさせてくれるゆったりした子ども部屋は、あなたにも赤ちゃんにもよい影響を及ぼします。

では、赤ちゃんは生後1年まで何を必要としているのでしょうか？

それは赤ちゃん自身が教えてくれます。

当然、どの赤ちゃんも違います。私の経験で言うと、チャイルドシートやベビーベッド、ベビーキャリア、衣類があれば十分でしたが、余計なモノまで所有していました。あなたも同じことをする可能性がありますが、もしそうなっても思い悩む必要はありません。数年前、私は娘が気に入ってくれると思って赤ちゃん用のぶらんこを買ったのですが、娘はそれが大嫌いでした。その場合、経験から教訓を学んで、それを寄贈するか売却しましょう。**赤ちゃんにとっては、モノを買い集めるよりゆったりした空間を確保するほうがいいのです。**

赤ちゃんがいるあいだは、自分の所有物を減らす最適の時期です。

とくに赤ちゃんが家の中を這って歩くようになったら、自分の所有物を減らすことが子どもの安全にとって最善の方法であることに気づくはずです。ぶつかったりつまずいたりするモノが家の中に少なければ、赤ちゃんが怪我をする可能性は低くなり、あなたも安心することができます。

幼児のモノの片づけ

子どもがよちよち歩く年齢に達すると、状況は少し複雑になります。

あなたは子どもにすべて任せればいいと思っているかもしれませんが、子どもはすでに所有欲を持つようになっています。実際、「それは私のもの」が幼児の好きな言葉だと言われています。

私はこの事実を痛い目に遭いながら学びました。

数年前、私は娘が何か月も使っていなかったモノを無断で処分しました。てっきり彼女がそれを気に入っていないか気づいていないと思い込んでいたからです。しかし、2歳になったころ、娘はなくなったモノに対して第六感を働かせるようになりました。1年間それを一度もさわったことがないにもかかわらず、です。

「ねえママ、私のあの指輪、どこに行ったか知らない？」

私が指輪を慈善団体に寄付するために箱詰めした日に、娘はそう言いました。

さらに、何度も読んだ数冊の絵本を年下のいとこに郵送した日の午後、娘は「ねえ、あの絵本はどこにあるのかしら？　すぐに読みたいの」と言いました。

3日後、娘の要求がエスカレートしたとき、私は一人でこっそり書店に行って同じ絵本を買いました。思わず冷や汗をかいたのを覚えています。

ミニマリストらしくないアドバイスかもしれませんが、幼児の所有物を処分するときは「一時保管場所」をつくっておくことをおすすめします。つまり、何らかのモノを処分する前に2、3か月そこに保管しておくのです。

この方法なら、幼い子どもが気づいて、それがないと生きていけないようなそぶりを見せれば（泣いたりわめいたりして）、あわててそれを再び買い求める必要がなく、平然と保管場所から取り出して元に戻すことができます。

しかし、子どもは2歳から5歳のあいだに、すべてのモノがいつまでも自分のモノだとはかぎらないことを理解し、それを（一時的か恒久的に）他の子どもと共有すればいいと考えるようになります。

たとえば、私の娘は、おもちゃが消えてなくなるのではなく、どこかで誰かの役に立っていることを確信できるなら、それを手放すことを了解してくれています。実際、この年代の子どもは自分の赤ちゃんのときのモノを他の人に譲ることに熱心で、それを誇りに思うほどです。ぜひ子どものこういう前向きな姿勢を生かして不用品の処分が好きになるようにしつけてください。

しかし、もし子どもが不用品を処分したがらないなら、本人に相談する必要はありません。それをひそかに「一時保管場所」に移し替えるといいでしょう。

幼児期は「すべてのモノに定位置を、すべてのモノを定位置に」というルールを教える理想的な時期です。しかし、そのためには少し工夫する必要があります。子どものすべてのおもちゃをおもちゃ箱に入れるのではなく、取り出しやすく戻しやすいように棚に並べてください。必要なら、おもちゃの写真を所定の場所に貼っておくといいでしょう。子どもがおもちゃで遊ぶたびに、それを元に戻してから別のおもちゃを選ぶように指導してください。

ブロックやパズルのようにたくさんのパーツからなるおもちゃをまとめて入れるた

めに箱を使いましょう。ここでも必要なら写真を箱の上に貼っておくと便利です。

この方法は子どもが自ら片づけるのに役立つだけでなく、分類という重要なスキルを身につけるのに役立ちます。**早い時期から整理整頓のテクニックを教えれば、きっと利口な子どもに育つことでしょう。**

小学生の子どものモノの片づけ

片づけは小学生の子どもには有意義な作業です。

彼らはそのプロセスに十分に参画することができますし、一人で整理整頓することも可能です。では、楽しみながら始めましょう。

就学前の幼児が「捨てる、残す、譲る」というプロセスを理解しつつあるのに対し、小学生の子どもはそれを実行する準備ができています。

この年代の子どもは決定をくだすのが大好きで、捨てるべきモノ、残したいモノ、自分はほしくないが他の誰かがほしがるかもしれないモノを明確に区別することができます。譲るモノについて小学生の子どもは思いやりの精神を身につけつつありますから、恵まれない子どもたちに自分の不用品を喜んで譲ります。

さらに、小学生の子どもはモノを大切に残すべき理由を明確に述べることができます。たとえば、「抱いて寝たい」「あると幸せだ」「おばあちゃんからもらった」「おもしろい音が鳴る」などなど。

また、モノを残すべきではない理由も明確に述べることができます。たとえば、「壊れている」「もうサイズが合わない」「年齢的にふさわしくない」などなど。彼らはこんなふうに所有物との対話を大いに楽しんでいるのかもしれません。

小学生の子どもはすべてのモノを定位置に戻すことができます。

就学前の幼児がまだ親に手伝ってもらう必要があるのに対し、小学生の子どもは自分でなんでも片づけることができます。すばらしいことに、彼らは自立心の芽生えに伴い、責任感を持ち、上手に片づけられたことを誇りに思います。また、小学生の子どもは自分の所有物を上手に分類してコレクションにするのを楽しみます。

あなたは親として、子どもが適切な入れ物を持つよう手配し、所有物に上限を設定するよう指導する必要があります。定められた箱の中に入るなら、おもちゃの車（あるいはアクションフィギュアや画材）をすべて残しておいてもいいと言ってください。

子どもたちは所有物を見て好きなモノを選別するのが楽しいと感じるでしょう。彼らは「ひとつのモノを入れたら、ひとつのモノを出す」というルールを理解できる年齢です。つまり、新しいおもちゃを箱の中に入れるためには、古いおもちゃを処分しなければならないということです。

この年代の子どもに対しては、「毎日きちんと整理整頓しよう」という教えを徹底する必要があります。毎晩、子どもが寝る前に部屋をきれいにする習慣を身につけるのを手伝いましょう。そうすれば、部屋が散らかって手がつけられなくなるのを避けることができます。また、所有物を減らすことの意義にも気づかせることができます。

中高生の子どものモノの片づけ

朗報を紹介しましょう。

中高生の子どもは自分の力で整理整頓のテクニックを完璧に実行することができます。いったんそれを伝授したら、あなたは子どもが片づける様子を見守ればいいのです。この年代の子どもを持つ親の主な役割は、モチベーションを維持するのを手伝うことです。

じつは、これこそがいちばん難しい部分で、いったいどうやって中高生の子どもに所有物を減らすように働きかけたらいいのでしょうか。中高生の子どもは親を喜ばせたいとは必ずしも思っていません。しかし、ここに成功の秘訣があります。中高生の子どもには、親のためではなく自分のためにそれをしていると感じさせることがコツです。

そこで私のアドバイスです。

整理整頓のテクニックの第一歩を踏み出しましょう。

一からやり直させるのです。

中高生の子どもに自分の部屋にあるモノをすべて取り出して、好きなモノと必要なモノだけを元に戻すように伝えましょう。

では、どうすれば中高生の子どもに整理整頓への興味を抱かせることができるでしょうか。それは、この作業を部屋の模様替えと位置づければいいのです。

中高生の子どもにやる気を出させる最善の方法は、「これから大人になる」という自覚を持たせることです。彼らは数年後には自立することになりますから、自分の将来のライフスタイルについてすでに想像をめぐらせているかもしれません。より大人のスペースをつくる機会に、中高生の子どもに少年少女時代の不用品を一掃するきっかけを与えてください。

その際、自分の思い入れのために中高生の子どもの邪魔をしないように配慮しましょう。もし息子が野球選手のカードのコレクションを処分したいと思っているなら、そうさせてください。もし娘が天蓋付きベッドを処分したいと思っているなら、そうさせてください。もし娘があなたに買ってもらった人形のコレクションを処分したいと思っているなら、そうさせてください。

すばらしいことに、このエクササイズはお金がかかりません。

新しいモノを買わずに、すでに持っている好きなモノで自分のスペースを再設計できるからです。その目的のために、子どもが整理整頓のテクニックを応用し、何をどこに保管し、スッキリした新しい空間をどうやって創造するかを決定するのを手伝いましょう。

中高生の子どもに不用品を自由裁量で処分する許可を与えると、ミニマリストが誕生することに驚くかもしれません。もっと多くのモノを所有すべきだと主張するマーケティング戦略と仲間の影響にさらされて育った子どもにとって、所有物を減らすことが受け入れられるとは思いも寄らなかったはずです。

この数年間、私はブログで発信した情報に対して世界中の中高生から膨大な数のメールを受け取ってきました。「生まれて初めてミニマリズムを実践して楽しかった」と喜んでいる子どももいましたし、「せっせと稼いで浪費する以外のライフスタイルがあることを知ってホッとした」と安心している子どももいました。さらに、「モノであふれ返っている家の中を癒しの空間に変えることができてよかった」と感動している子どももいました。

配偶者、またはパートナーのモノの片づけ

最後に、配偶者、またはパートナーに不用品を処分するように働きかけることについて説明します。

相手と同居し始めた、またはその計画を立てているなら、幸先のいいスタートを切る絶好の機会です。すべてのモノを2人で持ち寄る必要はありません。一緒に暮らす前に、似たようなモノをざっと取捨選択してください。同居する前の段階であらかじめ所有物を減らしておけば、よりスムーズに物事を進めることができます。

しばらく一緒に暮らしたのなら、もっと大きな試練が待ち受けているかもしれませんが、恐れる必要はありません。その試練は乗り越えることができます。

あなたは幸いにも自分の考え方を全面的に受け入れてくれる配偶者に恵まれているかもしれません。たぶん相手も家の中にモノが多すぎることに不快感を抱いているのでしょう。あるいは、あなたにもっと所有物を減らすように提案するかもしれません。もしそうなら、その幸運に感謝して一緒に不用品を処分するといいでしょう。

しかし、たとえ配偶者がそういう考え方に抵抗を示しても、心配する必要はありま

せん。少し作戦を練り、しばらく辛抱すれば、どんなにモノをため込むタイプの人でも整理整頓が大好きな人に変身を遂げます。

気をつけなければならないのは、配偶者の所有物に無断で手を出さないことです。

そうしたくなる気持ちはわかりますが、許可や通告なく配偶者の所有物を勝手に処分してはいけません。そうすることが親切で適切な行為だと思うかもしれませんが、これほど相手に不信感を抱かせ成功の見込みを台無しにする行為はほかにありません。そこで、心を落ち着かせて、ゆっくり着実に取り組む準備をしましょう。

それは花を育てるのと似ています。あなたは種をまき、土地に肥料を与え、日光にあてる必要がありますが、最終的に植物は自分の意志で育って花を咲かせなければなりません。

そこで、不用品の処分という種をまく方法を紹介しましょう。

1　前述のとおり、自らお手本を示す

ミニマリズムの効用を示すためには、自分がその成果をうれしそうに見せるのが最も効果的です。たとえば、整理整頓されたクローゼット、きれいな調理台、必要なモノだけがそろったキッチンの引き出し、などなど。

2　本書を目につきやすい場所に置いておく

片づけが苦手な人でも第三者のアイデアならすんなり受け入れるかもしれません。興味をそそりそうな記事をメールで相手に送信してもいいでしょう。たとえば、家をきれいに片づけて借金を返済した家族の話や所有物を大幅に減らして新しい仕事を見つけた人の話、などなど。

3　所有物を減らす努力をしていることを何気なく話す

いきなり「あなたはモノをたくさん持ちすぎている」と切り出すのはよくありません。そんなことをしたら、相手はすぐに身構えて心を閉ざします。新しい趣味について話すような感じで、自分のワードローブをスッキリさせるために努力していること

を説明しましょう。これは押しつけがましい印象を与えずに、家の中をスッキリさせるテクニックを紹介するすばらしい方法です。

いったん種をまいたら、今度は肥料を与えましょう。

怒鳴ったり脅したりしても植物を成長させることができないのと同様、配偶者に無理やり何かをさせることはできません。配偶者の意欲を高めるような方法を使いましょう。たとえば、こんな方法です。

1　相手の気持ちを推し量る

相手の立場に立ってミニマリズムのどんな点が魅力的かを考えましょう。たとえば、所有物を売却して休暇の資金に充てる、モノの管理に費やす時間を減らして子どもと過ごす時間を増やす、消費を控えて貯めたお金で早く引退する、などなど。所有物を減らすことがどんな恩恵をもたらすかを強調しましょう。

2　簡単に成果を上げる

まず、お互いが自分の所有物を保管してもいい空間と不用品を一掃すべき空間について合意してください。次に、洗面用品や食器類などの小さな共有物、およびペンやクリップなどの事務用品を減らすことから作業を開始しましょう。簡単に成果が上がれば、そのプロセスに自信を持つことができます。

3　連帯感を強化する

自分は命令をくだす立場ではなく、チームの一員として協力する立場であることを肝に銘じましょう。配偶者の意見を絶えず求めてください。「ガレージにあるガラクタを一掃すべきだ」と頭ごなしに宣言するのではなく、「ガレージにもっと空きスペースをつくるにはどうすればいいか？」と相手に質問しましょう。相手が自分も同じプロジェクトに参加していると感じれば、このプロセスにワクワクするはずです。さらに、共通の目標を設定すれば、お互いのモチベーションを高めて勢いをつけることができます。

肥料を十分に与えたおかげで、植物はすくすく育ちました。今度はそれに日光をあてる必要があります。そのためのヒントを紹介しましょう。

1　ほめて、ほめて、さらにほめる

どんな人でもほめられるのが大好きなので、ほめてもらった行動を繰り返そうとします。しかし、けなすと相手の進歩は止まってしまいます。したがって、たとえ2、3着でも古いTシャツを処分したら、「たったそれだけ？」とけなすのではなく、「クローゼットが少しスッキリしたわ。よくできたね」とほめてあげましょう。何かがよくできたことをほめられると、誰しもそれをもっとしたくなるものです。

2　前向きな姿勢を保つ

状況が厳しくなっても、つねに明るく振る舞いましょう。配偶者が何かを手放すことに苦労していても、温かい目で見守ってください。もし相手が困っていたら、思いやりを持って役に立つテクニックを教えてあげましょう。相手が挫折しそうになったら、口論を避けて少し休憩をとりましょう。努力を継続することで得られる恩恵を強調してください。

3　消費活動にいそしむより一緒に楽しく過ごす

もし配偶者がショッピングモールに行きたくなったら、一緒に公園を散歩することを提案しましょう。ショッピングカタログを見ているなら、話しかけて配偶者の注意をそらしましょう。ネット通販にログインしているなら、カップルで愉快なことをしましょう。要は、消費活動に関心を寄せたくなる瞬間をカップルで楽しく過ごす瞬間に変えるということです。

大切なのは、じっくり取り組むことです。

部屋が一夜にして不用品でいっぱいになることはありませんし、そんなに早く片づくわけではありません。さらに、長年にわたる習慣を変えて、新しい考え方を取り入れるには時間がかかります。

配偶者に無理やり片づけさせようとするのは、植物に無理やり花を咲かせようとするのと同じくらい強引なやりかたです。たしかにそのときは満足感が得られるかもしれませんが、それではあまり長続きしません。

ミニマリズムの効用を説いて相手の心の中に種をまき、時間をかけながらゆっくり育てるなら、シンプルライフの種はやがて大輪の花を咲かせることができます。

02

美しい地球を次世代に残す

ミニマリストになるとすばらしいことが起こります。努力が世界中に少しずつ波及して好ましい変化をもたらすからです。無駄な買い物をせず、すでに持っているモノで間に合わせるか友人から借りるたびに、地球にささやかな貢献をすることができます。水と空気が少しきれいになり、森が少し豊かになり、ゴミ処理場が少し空《す》くからです。

ミニマリズムを始めたきっかけは、お金と時間を節約し、スペースを確保することだったかもしれませんが、私たちの行為は想像以上に大きな恩恵をもたらします。

ミニマリズムは地球を環境破壊から守り、劣悪な労働環境にあえいでいる人たちを救うことができます。

クローゼットをスッキリさせたいと思って取り組んだだけかもしれませんが、その恩恵はこんなにもすばらしいのです。

美しい地球を次世代に残すために、次のことを考えましょう。

1　必要最小限のモノを買うこと

企業、広告代理店、政治家は私たちを「消費者」と定義したがります。私たちに消費を呼びかけることによって利益を増やしたり、再選を果たしたりすることができるからです。

しかし、それによって私たちの暮らしはどうなるでしょうか？

生活に必要のないモノの代金を支払うためにせっせと働き、すぐに流行遅れになるモノを買うために長時間労働をして残業代を稼ぎ、家の中を散らかすモノを買ってクレジットカードの支払いに追われるはめになります。そう考えると、これはあまり好ましいライフスタイルだとは言えませんね。

ミニマリズムは自由をもたらします。私たちの手かせ足かせになっている余計なモノを追い求めるライフスタイルを改め、「せっせと稼いで浪費する」という悪循環を断ち切ることができます。

その結果、お金を稼いで消費するためにあくせく働くのではなく、必要最小限のモノしか買わなくなります。それによって、環境破壊と他の人たちの生活への影響を最小限に抑えることができます。

もちろん、必要最小限のモノしか買わないと決意したからといって、二度と小売店に行ってはいけないというわけではありません。要は、衣食住のニーズを満たすことができれば、無駄な消費を控えることができるということです。

私は生活必需品を簡単に入手できることに感謝しています。大昔の先祖のように衣食住のニーズを満たすために命を賭ける必要がないことにも感謝しています。

しかし、いったん衣食住のニーズを満たすことができれば、もうショッピングモールに行ったりネットサーフィンをしたりしてモノを買いあさる必要はありません。そんなことをするより、その時間と労力を本当に充実感の得られる活動に使ったらどうでしょうか。たとえば、芸術や文化、哲学などの精神的活動です。

必要最小限のモノしか買わない暮らしをするために何をすればいいのでしょうか？

とくに何もする必要はありません。

貴重な時間を割いてショッピングモールに抗議したりボイコットしたりするのではなく、生活に必要のないモノを買わなければいいのです。

テレビのCMを無視し、衝動買いをせず、服を買い替えずに修繕し、最新の電化製品を購入するのを控えるたびに、ささやかな抵抗をしていることになります。生活に必要のないモノを買わないことによって社会に貢献することができます。労働搾取を助長するのをやめ、地球資源の枯渇を少しでも防ぐことができるからです。**これは地球を癒し、人々の生活を改善するための最も簡単で効果的な方法のひとつです。**

2　ひたすら「減らす」こと

「減らし、再利用し、リサイクルする」という環境保護のキャッチフレーズがあります。この3つの中で最も脚光を浴びているのはリサイクルです。実際、緑を大切にしようと決意すると、リサイクルが焦点になります。

しかし、この3つの中で最も大切なのは、減らすことです。

買うモノを減らせば、リサイクルの必要性も減るからです。**減らすことによって、資源と労働とエネルギーを収奪する全工程を回避することができます。したがって、減らすことはミニマリストの心得の基本だと言えます。**

私たちが買うすべての製品は、生産・流通・廃棄という3つの重要なプロセスをたどります。まず生産の過程では、天然資源とエネルギーが使われます。副産物として有害な化学物質が大気中と水中に放出されることもあります。

次に流通の過程では、エネルギー（たいていトラックや船舶、飛行機を動かすために石油が必要になります）が製品を工場から小売店まで輸送するのに使われます。しかも、その距離はしばしば地球半周分です。最後に廃棄の過程では、モノはゴミ処理場を汚染し、焼却する際に有害物質を環境にまき散らすおそれがあります。

私たちはミニマリストとして、リサイクルを通じて廃棄の問題を避け、新しいモノをつくるために製品を再利用して環境への影響を少なくするために努めます。しかし、減らすことはこのやっかいなプロセスを不要にします。

私たちがモノを買わないと決意するたびに、生産し、流通し、廃棄しなければならないモノがひとつずつ減るからです。モノがどうやってつくられ、どうやって届けられ、どうやって廃棄されるかを懸念するより、最初からそれを所有しないほうがずっといいのです。

減らすための最善の方法は、生活に必要なモノだけを買うことです。それには何も意識せずにモノを買うのではなく、すべての購入についてじっくり考えなければなりません。

衣料品や家具、電化製品、装飾品、さらに食料品ですらそうです。私たちは買う前に「なぜ？」と自分に問いただす習慣を身につけるべきです。

たとえば、「これを買おうとしているのは、本当に生活に必要だからか、広告で見たからか、友人が持っているからか、ショーケースできれいに見えたからか？」と自問する必要があります。それがなくてもやっていけるかどうか考えてみるべきです。

レジの前に行列ができていたら幸運だと思ってください。ショッピングカートの中のモノが本当に自分の生活に必要かどうか検討する時間的余裕が生まれるからです。実際、私はモノを買う直前にレジカウンターから立ち去ったことが何度もあります。

消費を減らすテクニックは無数にあります。

モノがほしくなったら小売店に駆け込むのではなく、自分のニーズを別の方法で満たす解決策を考えてみましょう。それは近所の人から道具を借りるといった手軽なことかもしれませんし、手元にあるモノで点滴灌漑《かんがい》システムを構築するといった複雑なことかもしれません。また、使い捨てのモノより何度も使えるモノを選びましょう。市販の洗浄剤を使わなくても、お酢と水を混ぜれば服をきれいに洗うことができます。

最後に、**新しいモノがほしくなったという理由で、まだ使えるモノを捨てないようにしてください**。古い車やウールのコートをさらにもう数年使うことに誇りを持ちましょう。

3　再利用すること

先ほどお話ししたリサイクルの概念のふたつ目にあった「再利用」の考え方もミニマリストのライフスタイルの基本です。

手元にあるモノを再利用すれば、それだけ新しいモノを買わずに済みます。

資源が生産と流通のためにすでに使われているので、私たちはそれを最大限に活用する責任を負っています。

減らすことと同様、再利用はリサイクルより好ましいと言えます。リサイクルには新しいモノをつくるエネルギーが必要になりますが、再利用にはエネルギーが必要ないからです。

同じモノを別のニーズに合わせて使えばいいのです。ヨーグルトの容器で植物栽培用のポットを、古いTシャツで雑巾をつくることができます。

とはいえ、そこまで創造性を発揮する必要はないかもしれません。不用品を再利用する機会はいたるところにあります。たとえば、箱や梱包用のプチプチ、発泡スチロール、リボンなどを再利用して何かに役立てましょう。あるいは、ガラスジャーやクリスマスカード、持ち帰り用の容器をリサイクル用として処分する前に、それを別の用途に再利用できないか検討してください。

もちろん、私たちはミニマリストとして、まったく使わないモノで引き出しやキャビネットをいっぱいにしたくないはずです。不用品があれば、それを必要としている人に譲りましょう。

再利用とは、自分がそれをすることだとはかぎりません。他の人がそれを再利用すれば、地球環境にとっては同じことです。

それと同様に、**自分も他の人のモノを再利用することを検討しましょう**。たとえば、結婚式に招かれたけれど、式にふさわしい服装を持ち合わせていないなら、すぐにデパートに駆け込むのではなく、中古品を見つける努力をしてください。地元の古着店やチャリティーショップをチェックし、さらにネットオークションを検索しましょう。

それでもだめなら、友人や身内に適当な服がないか尋ねたりレンタルショップを利用したりすると解決策が見つかるかもしれません。

同じことを道具や家具、電化製品、その他の多くのモノについてもやってみましょう。**中古品市場を自分の「行きつけの店」とみなし、そこで必要なモノが見つからなければ、最後の手段として小売店で新品を買ってください。**そうすることによって環境破壊を少しでも防ぎ、まだ使えるモノを廃棄するのを避けることができます。

4 リサイクルすること

ミニマリストの究極の目標は、身軽に暮らすことです。

その第1の戦略は消費を最小限に減らすことで、第2の戦略はなるべく再利用することです。

減らしても、再利用しても、役に立たなくなったモノがどうしても出てきます。そうしたら、それをリサイクルするよう最善を尽くしてください。

幸い、近年、リサイクルは簡単になりました。リサイクルできるモノを出せる場所が各地に設置されていますから、そういう取り組みを利用しましょう。私たちは自分の家の中のゴミだけでなく環境の中のゴミを最小限にする必要があります。

何らかのモノを廃棄する前に、それをリサイクルできないかどうか考えてみてください。その可能性の大きさに驚くかもしれません。

自宅の庭でもリサイクルすることができます。落ち葉や小枝、雑草などの始末を清掃局に任せるのではなく、それに野菜の切れ端、コーヒーや紅茶のかす、卵の殻を加えて堆肥《たいひ》をつくるのです。すべてが完全に分解すると、土壌を肥やすのにうってつけの有機肥料が出来上がります。園芸の本やウェブサイトで堆肥のつくり方を調べてください。堆肥をつくることは二重の意味で環境にいいと言えます。ゴミ処理場のゴミの量を減らし、市販の化学肥料を買う必要がなくなるからです。

リサイクルは製品のライフサイクルの終盤に起こることですが、最初からそれを念頭に置いてください。

買い物をするときは、なるべくリサイクルできるモノを選びましょう。

危険な有害物質（ペンキや洗浄剤、殺虫剤など）を使用するのは極力避けましょう。こういったモノを不用意に廃棄すると環境に悪影響を及ぼしますから、特別な処理場が必要になります。家庭のニーズに合い、しかも環境に無害な製品を選択してください。

5 ライフスパンを考慮する

私たちはミニマリストとして、買うモノを必要最小限にすることをめざしていますから、いったん買ったモノをできるだけ長持ちさせたいと思っています。

モノを買うと決意するときは、そのライフスパンを考慮しなければなりません。ほんの数か月しか持たない製品のために、なぜ貴重な天然資源を浪費するのでしょうか。

長持ちするように頑丈につくられたモノを選びましょう。

これはたやすいように思うかもしれませんが、購入決定の尺度として品質より値段を重視しがちではないでしょうか。

買い物をするときに値段を比較するのは簡単ですが、品質を見極めるのはそう簡単ではありません。この椅子がいつ壊れるか、あの時計がいつ止まるかどうすればわかるでしょうか。

私立探偵になったつもりで手がかりを探してください。たとえば、どこで製造され、どんな素材が使われ、生産者の評判はどうか、といったことです。

値段が品質の目安になるとはかぎりませんが、低価格の製品はたいてい長持ちしません。もちろん、買い替えたからといって破産するわけではありませんが、それが環境に及ぼす影響を考慮しなければなりません。

流行のモノを買うのは控えてください。まだ使えるのに飽きてしまうからです（あるいは、まだ所有しているのが恥ずかしくなるからです）。たとえそれを寄付しても、製造と流通のために資源が浪費されたことに変わりはありません。それなら最初からそんなモノを買わずに、本当に好きなモノや流行に左右されない定番アイテムを選んだほうが得策です。

最後に、使い捨て用品はなるべく避けてください。

ほんの数分間だけ使うモノに天然資源を浪費するのは考えものです。しかし残念ながら、お皿やカミソリ、ナプキン、おむつ、カメラ、雑巾といったモノが使い捨て用品として、現代社会ではますます人気を博しています。

これらのモノは毎日のように使われ、膨大な量のゴミになっているのが現状です。ハンカチや買い物バッグ、充電できる電池、テーブルウェア、布製のナプキンやおむつ、タオルといった再利用できるモノを選択することによって、二酸化炭素の排出量を減らすことができます。ここでも製品のライフスパンを指標にしてください。それがあまりにも短いなら、長持ちするモノを探しましょう。

6 素材を検証する

買い物をするときは、その製品の素材を吟味してください。

持続可能な資源でつくられているモノを選択することによって、消費が環境に及ぼす影響を最小化することができます。

一般的な目安として、人工素材より天然素材でつくられた製品を選択しましょう。プラスチックのような人工的に合成された物質はたいてい石油からつくられますが、これは非再生資源です。製造の過程で大量のエネルギーが使われるだけでなく、有害物質を大気中に排出し、労働者を危険なガスと化学物質にさらします。

さらに、一部のプラスチックには添加物が含まれていますから、それが食料や飲料水に流れ込むと大勢の人に健康被害をもたらしかねません。

プラスチックを処分すると、さらに大きな問題が発生します。プラスチックは分解速度が非常に遅く、ゴミ埋立地に数百年（あるいは数千年）も残留するおそれがあるからです。さらに、それを燃やすと大気汚染を引き起こす可能性があります。

一方、天然素材はそれほどのエネルギーを必要とせず、廃棄とリサイクルはずっと簡単です。しかし、木製のモノを買ったからといって、それで問題がないというわけではありません。森林の伐採を考慮しなければならないからです。

紙や家具、床張り材、材木などの製品をつくるために、大規模な伐採がおこなわれています。非合法な伐採と持続不可能な木材収穫が生態系を破壊し、原住民の住処を奪い、地域の気候を変動させてきました。

このような悲劇に加担するのを避けるために、持続可能な資源に由来する木材を探し、絶滅危惧種ではなくすぐに再生できる種類（たとえば竹）を選択することがたいへん重要です。

環境への負担を軽減するためにリサイクル商品を買いましょう。

紙や衣料品、ハンドバッグ、靴、床張り材、家具、装飾品、宝石類、ガラス製品、その他の多くのモノがよみがえっていることに気づくはずです。

リサイクル商品を買うと、天然資源を保存し、エネルギーを節約し、元の製品がゴミ処理場に送られるのを避けることができます。

ミニマリストとして、リサイクルしたペットボトルでトートバッグが、リサイクルした木材でダイニングテーブルがつくられていることに誇りを持ってください。

最後に、包装について考えてみましょう。

当然、包装しないに越したことはありません。ライフスパンを考慮すれば、これは明らかです。しかし、私たちが買うモノの多くは何らかの包装を伴います。

そこで、最小限の包装か簡単にリサイクルできる包装で済むモノを選択してください。買ったモノをビニール袋に入れて持ち帰るのではなく、布製のバッグを使う習慣を身につけてください。それだけでもエネルギーと廃棄物をかなり減らすことができます。

7 労働条件を検証する

私たちは製品の素材を検証するだけでなく、誰がどんな労働条件の下でそれをつくったかを検証する必要があります。

デパートで見かける装飾用の小物類や小売店で販売されているドレスは、どこからともなく現れたのではありません。誰かが手でつくったか機械を操作してつくったのです。したがって、それを買う前に、それを生産した人たちが安全な労働環境で妥当な扱いを受け、適正な賃金をもらっているかどうかを考えてみる必要があります。

私は未来世界のファンタジーの中で、自分が製品のバーコードを読み取り、その経緯をチェックしている姿を想像します。

たとえば、どんな天然資源を使って製造したか、リサイクルできるかどうか、ゴミ処理場で焼却するのにどのくらい時間がかかるか、どこで製造されたか、賃金と労働条件に関する製造業者の実績はどうか、といったことです。

数十年前ならそのような情報は簡単に入手できました。工場は私たちが暮らしている都市の中にありましたから、煙突が大気を汚染しているかどうかや、化学物質が河川や湖に捨てられているかどうかを自分の目で確認できたからです。工場を訪問したり近所の人たちに質問したりして、労働者が適切な扱いを受け、適正な賃金をもらっているかどうかを尋ねることもできました。労働組合や法規制がモノづくりに携わっている人たちの適正な賃金と安全な労働環境を保障していました。

ところが、経済のグローバル化に伴って事情が一変しました。

現在、私たちが買っているモノの大半は遠方の地域でつくられ、企業は製品の供給網や製造工程についてめったに公開しなくなったからです。一部の企業は外国人の請負業者を使って製造を任せていますから、自分たちの製品がどんな条件下でつくられているかを把握できなくなっているかもしれません。

では、私たちはどうすればいいのでしょうか。

これはじつに難しい問題です。当然、どの企業も労働者を低賃金で働かせていることを公表したり、工場内の悲惨な労働条件を広告で宣伝したりしません。

だから私たち自身が、どのメーカーが公正な労働慣行を順守し、どのメーカーがそうでないかを見極める努力をしなければならないのです。インターネットで人権擁護団体の情報を検索してください。

ひいきにしている小売店やブランドショップが自分の価値観と合致しているかどうかを調査してください。もしそうでないなら、別の店で買いましょう。

また、何らかのモノを買う前に生産地の表示を確かめてください。もしその製品が環境破壊や労働搾取で知られている地域でつくられたなら、それを買わないようにしてください。

8　距離を検証する

これまでずっと生産と処分について説明してきました。私たちがどうすればそれに関して自分の影響を最小化できるかも説明しました。しかし、これで終わりではありません。流通についても考える必要があるからです。モノを生産地から消費地にどうやって輸送するかも環境に影響を及ぼします。

かつて大半の商品は私たちの家の近くで生産され消費されていました。たとえば、野菜は近所の農家で、衣服は近所の仕立屋で、道具は近所の鍛冶屋で買うという具合です。

たいていの場合、それらの商品はせいぜい100キロほど離れた場所に輸送される程度でした。しかし、現在では全米の小売店でチリ産の農作物、インド製の衣料品、中国製の機械が販売されています。

私たちの家にあるモノの多くは地球の裏側でつくられたものです。問題は、それを輸送するために莫大なエネルギー（燃料）を使わなければならないことです。

石油は再生不能なエネルギー源で、分単位で減少しています。にもかかわらず、私たちはそれを節約するどころか、消費財を飛行機や船舶、トラックに大量に積み込んで、世界各地に輸送しているのが現状です。

残念ながら、これは大気がますます汚染され、資源がどんどん枯渇していくことを意味しています。環境を破壊してまでマンゴーやミニスカートを5000キロメートルも離れた場所に輸送する価値があるでしょうか？

ミニマリストにとって、物資の長距離輸送はあまり価値があるとは思えません。私たちは地元でつくられたものを買い、きれいな空気を維持し、その分のエネルギーを節約することをめざしています。

椅子を買うときは大型家具店に行くのではなく地元の職人がつくったものを選びます。装飾品を買うときは世界規模の小売チェーンではなく地元のアートフェアで入手します。衣料品は自国で生産されたものを買います。

たしかにショッピングモールに行くほうが手っ取り早いのですが、これは少なくとも試してみる価値があります。実際、輸入品より国産品を選ぶと国内の産業が活気づきます。

近所で買い物をする準備ができたら、まず食料品から始めましょう。生産者農家が集まって農産物を消費者に直接販売する市場を利用し、新鮮な果物や野菜、牛肉、乳製品などを買います。

それらの食料品は地元で栽培され、育成され、生産されているので、輸送にかかるエネルギーは少なくて済みます。したがって、旬の食材で献立を考えることができます。真冬に遠くの地域から輸送されたトマトを買うのではなく、その季節に収穫できるさまざまな野菜や果物を楽しみましょう。

地元の農産物を買うと、環境を保護するだけでなく地域のつながりを強化することができます。稼いだお金を外国に送るより地元に還元することができます。地球規模の市場と供給網に頼らない多様性のある強固な地域経済をつくることができます。とりわけ、私たちが使っているモノを供給してくれる人たちとの永続的な関係を築くことができます。

9　優雅なチョウのように軽快に暮らす

私たちは過剰な消費をするとき、横暴なギャングのように森林を伐採し、水路を汚染し、ゴミ処理場を廃棄物でいっぱいにしています。もっとたくさんのモノと果てしない経済成長を追い求めて地球のぜい弱な生態系を破壊し、そのツケを未来の世代に回しているのです。

私たちはミニマリストとして、それと正反対のライフスタイルを実践します。

優雅なチョウのように軽快に暮らす努力をしましょう。余分なモノを抱え込まず、必要最小限のモノでひらひらと自由に飛び回りましょう。

私たちは地球とその資源をそのまま次世代に残したいと思っています。

人口増加に対して地球の資源にはかぎりがあります。ますます多くの国が工業化するにつれて、生態系への負担は増える一方です。

多くの人は自分が消費者としてのライフスタイルを追求する権利を持っていると思い込み、環境への影響をほとんど気にかけません。

さらに具合の悪いことに、経済成長に最大の価値を置く世の中では、そういう姿勢はごくあたりまえのようになっています。しかし、数百万人、数千万人、数億人が地球のかぎりある資源を食い尽くしている姿を想像してください。

一方、優雅なチョウのように軽快に暮らすと、必要最小限の消費で満足することができます。資源にはかぎりがあるという事実を認識し、消費をできるだけ控える必要があります。春のそよ風やきれいな小川、かぐわしい花といった自然の恵みを祝福しましょう。

私たちは地球号という大きな船のかじ取りをし、未来の世代に豊かな資源を残さなければなりません。みんなが協力してこの生態系の中で共存する必要があります。

さらに、自分のすばらしい行為を通じて人々を勇気づけましょう。

この主張を推進するには権力も大金も必要ありません。私たちはつねにミニマリズムを実践し、我が子や近所の人たちにお手本を示す必要があります。

大量生産・大量消費から環境保護と持続可能な成長へと価値観を転換する絶好の機会です。過剰な消費を控え、他の人たちにも同じことを奨励することによって社会的、経済的な変革を主導することができます。

これは最も簡単な実力行使ですが、現代人の生き方と社会のあり方を変え、地球の運命を変える力を持っています。

おわりに

読者のみなさんが本書の提言をきっかけに、家をスッキリさせ、シンプルな暮らしをして地球にやさしいライフスタイルを追求することを願っています。

ミニマリストのライフスタイルを追求していると、常識外れの行動をとっているように感じるかもしれません。消費社会のあり方に異議を唱える動きに脅威を感じる人たちは、「テレビやマイカーがなければ、生活が成り立たない」とか「ブランド物の服、最新式の電化製品、大きな家を手に入れなければ、成功したとは言えない」と主張するはずです。さらに、「国民が消費活動にいそしまないと国家経済が破綻してしまう」と警告する人もいるでしょう。

しかし、そんな人たちの言うことを信じてはいけません。

生活の質は消費とは関係がなく、所有物の多さは成功の目安にはならないのです。

持続可能な経済は果てしない経済成長を追い求めるよりはるかに大きな恩恵を社会にもたらします。また、ショッピングモールで買い物をするより地域の活動に参加するほうがずっと効果的に国家を支えることができます。

この数十年間の急激な経済成長の末に「大量生産・大量消費」の風潮への失望が広がり、より有意義な生き方であるミニマリズムへの関心が高まっています。

従来のモノ中心の価値観を改めれば、心の平和を得ることができます。

広告を無視して消費活動を控えると、モノをむやみにほしがる理由がなくなり、モノを買わなければならないというプレッシャーから解放され、モノの代金を支払うストレスとは無縁になります。まるで魔法の杖を使って悩みの種を消し去るようなものです。

もはやブランド物のハンドバッグや最新式の車、流行のキッチンキャビネットを追い求めることもなく、それを買うために長時間労働をしたりクレジットカードを最大限に利用したりする必要もなくなります。

ミニマリズムはさまざまな自由をもたらします。

借金苦からの自由、部屋が散らかっている状態からの自由、心身を消耗させる競争社会からの自由です。余分なモノを処分するたびに、肩の荷が下りたような気分になるはずです。買い物の回数が減ると代金も減り、維持費や保険費用も減ります。足どりが軽くなり、モノに翻弄されずに自由な生活を楽しむことができます。

さらに、**ステータスシンボルを求めたり見栄を張ったりしませんから、子どもと遊んだり地域の行事に参加したりするなど、より充実した活動に時間と労力を費やすことができます**。また、人生の意味について深く考える余裕が生まれます。

ミニマリストになると、余計なモノを手放して自分らしさを前面に押し出すことができます。

自分の価値観と人生観を見直し、本当の幸せとは何かについてじっくり考える時間を持つことができます。「大量生産・大量消費」の呪縛を解けば、モノにとらわれない自分本来の生き方を追求することができます。

最も大切なのは、自分が何を買うかより、何をするか、何を考えるか、誰を愛するかということです。

禅の師匠を訪れた男の話を紹介しましょう。

男は師匠の話に耳を傾けず、自分の考えを延々と話しました。しばらくして師匠は湯呑み茶碗を前に置き、お茶がこぼれても注ぎ続けました。

男が驚いて「お茶があふれていますよ」と言い、「もうこれ以上お茶が入らないのに、なぜそんなことをなさるのですか？」と尋ねると、師匠は「おまえの頭の中はこの茶碗のように邪念でいっぱいだから、それをいったん空っぽにしないと新しいことを学べない」と諭しました。

もし家の中がモノであふれ返っているなら、これと同様の現象が起きています。しかし、ミニマリストになれば、このような状況を打開するのに役立ちます。

不用品を処分して家をきれいに片づけ、精神的なゆとりを取り戻しましょう。そうすれば、夢と希望と喜びに満ちた快適な暮らしを実現することができます。

フランシーヌ・ジェイ

捨てる 残す 譲る 好きなものだけに囲まれて生きる

発行日 2017年 3月 25日 第1刷
2017年 4月 20日 第2刷

Author フランシーヌ・ジェイ

Special Thanks to Whitney Lee

Translator 弓場 隆
Illustrator 東麻マユカ
Book Designer 山田知子（chichols）

Publication 株式会社ディスカヴァー・トゥエンティワン
〒102-0093 東京都千代田区平河町2-16-1 平河町森タワー 11F
TEL 03-3237-8321（代表） FAX 03-3237-8323 http://www.d21.co.jp

Publisher 干場弓子
Editor 藤田浩芳 塔下太朗

Marketing Group
Staff 小田孝文 井筒浩 千葉潤子 飯田智樹 佐藤昌幸 谷口奈緒美
西川なつか 古矢薫 原大士 蛯原昇 安永智洋 鍋田匠伴 榊原僚
佐竹祐哉 廣内悠理 梅本翔太 奥田千晶 田中姫菜 橋本莉奈
川島理 渡辺基志 庄司知世 谷中卓 小田木もも

Productive Group
Staff 千葉正幸 原典宏 林秀樹 三谷祐一 石橋和佳 大山聡子 大竹朝子
堀部直人 井上慎平 林拓馬 松石悠 木下智尋

E-Business Group
Staff 松原史与志 中澤泰宏 中村郁子 伊東佑真 牧野類

Global & Public Relations Group
Staff 郭迪 田中亜紀 杉田彰子 倉田華 鄧佩妍 李瑋玲 イエン・サムハマ

Operations & Accounting Group
Staff 山中麻吏 吉澤道子 小関勝則 池田望 福永友紀

Assistant Staff 俵敬子 町田加奈子 丸山香織 小林里美 井澤徳子 藤井多穂子
藤井かおり 葛目美枝子 伊藤香 常徳すみ 鈴木洋子 住田智佳子
内山典子 谷岡美代子 石橋佐知子 伊藤由美 押切芽生

Proofreader 株式会社鷗来堂
DTP アーティザンカンパニー株式会社
Printing 中央精版印刷株式会社

Cover Photo credit : ©Floral Deco/Shutterstock.com

ISBN978-4-7993-2050-1 ©Discover 21, Inc., 2017, Printed in Japan.